Johann

Mattha

us Bechstein

# Kurze, aber gründliche Musterung aller bisher mit Recht oder Unrecht von dem Jäger als schädlich geachteten und getöteten Tiere

Johann
Mattha
··
us Bechstein

**Kurze, aber gründliche Musterung aller bisher mit Recht oder Unrecht von dem Jäger als schädlich geachteten und getöteten Tiere**

ISBN/EAN: 9783742898814

Hergestellt in Europa, USA, Kanada, Australien, Japan

Cover: Foto ©Andreas Hilbeck / p xelio.de

Manufactured and distributed by orebook publishing software
(www.brebook.com)

Johann

Mattha

us Bechstein

**Kurze, aber gründliche Musterung aller bisher mit Recht oder**

**Unrecht von dem Jäger als schädlich geachteten und getöteten**

**Tiere**

Kurze aber gründliche

# Musterung

aller bisher
mit Recht oder Unrecht
von dem Jäger
als schädlich geachteten
und

## getödeten Thiere

nebst Aufzählung einiger wirklich schädlichen, die er,
seinem Berufe nach, nicht dafür erkennt.

***

## Ein Versuch

zur Verbesserung der gewöhnlichen Verzeichnisse und
Taxationen schädlicher Thierarten, deren Verminderung
dem Jäger oblieget. Allen Naturforschern zur Prüfung
und allen Forstkollegien, Forstämtern, Förstern
und Jägern zur Beherzigung vorgelegt
von
Johann Matthäus Bechstein.

***

Mit Abbildungen.

***

Gotha,
bey Carl Wilhelm Ettinger.
1792.

Seiner

## Hochwohlgebohren

dem

Hochgräflich Schauenburg-Lippischen
Kammerrath und Forstmeister

## Herrn

# Clemens August von Kaas

hochachtungsvoll

zugeeignet

vom

## Verfasser.

# Vorrede.

Der Titel dieses Buchs zeigt, deucht mir, hinlänglich und zweckmäßig an, weß Inhalts dasselbe sey.

Ob es nöthig sey, ein solches Buch zu schreiben, daran würde man nur alsdann mit Recht zweifeln können, wenn die Förster und Jäger eine genauere Bekanntschaft mit der Naturgeschichte sich verschafft oder zu verschaffen Gelegenheit hätten, welches letztere schon so lange der heiße Wunsch so manches deutschen Patrioten gewesen ist. Bis dahin wird also noch immer eine Anleitung nothwendig, welche den Forstmann bestimmt, nur das, was wirklich schädlich ist, zu verfolgen, und das, was ihm nur schädlich scheint, aber in der That mehr oder weniger nützlich ist, zu schonen.

Alle Aufzählungen und Taxationen der schädlichen Thiere oder des sogenannten Raubzeugs, so viel mir deren zu Gesicht gekommen sind, schreiben sich theils noch aus den Zeiten einer dürftigen Naturkunde her,

* 3            theils

theils scheinen sie, wenn sie auch neu sind, noch ohne Zuziehung der bessern und wahrern naturhistorischen Erfahrungen entworfen zu seyn.

Sie sind daher meiner Einsicht nach alle zu unbestimmt und einseitig abgefaßt, so daß nicht allein dem uneblen Förster und Jäger Gelegenheit zu Unterschleifen verschafft ist, sondern auch eines Theils ausdrücklich viele nützliche Thiere für schädlich erklärt, andern Theils aber andere wirklich schädliche gar nicht erwähnt werden, und auf keine Weise auf die verschiedenen Grade der Nützlichkeit und Schädlichkeit der so verschrieenen Raubthiere Rücksicht genommen ist.

Ich will hier nur ein Paar Regulative und Taxationen anführen, mit welchem im Grunde, wenn sie nicht noch unbestimmter sind, alle übrigen übereinstimmen.

Nach dem F. H, C. Regulative wird vom Jahre 1788 an folgendes Raubzeug nach dem beygesetzten Fang- und Schießgelde bezahlt:

1. Vor einen alten Fuchs des Sommers gegen Ablieferung des Balges 16 gr.
2. Vor einen Fuchs gegen Ablieferung des Balges 8 gr.
3. Vor eine wilde Katze zu aller Zeit gegen Ablieferung der Nase 8 gr.

4. Vor

4. Vor einen Marder desgleichen     4 gr. 6 pf.
5. Vor einen Raß (Iltis) desgleich.   4 gr. 6 pf.
6. Vor eine Wiesel desgleichen     3 gr. 6 pf.
7. Vor einen Steinadler zu aller Zeit gegen Ablieferung beyder Fänge     12 gr.
8. Vor einen Schuhuth desgleichen     8 gr.
9. Vor einen Habicht desgleichen     3 gr.
10. Vor eine Weyhe desgleichen     3 gr.
11. Vor einen Sperber desgleichen   1 gr. 6 gr.
12. Vor eine Kolkrabe desgleichen     2 gr.
13. Vor eine Eule desgleichen     9 pf.
14. Vor eine kleine Rabe, Dohle oder Elster desgleichen     4 1/2 pf.

In der Ch. S. Wildmeisterey wird es mit Bezahlung der abgelieferten Raubthiere folgendermaßen gehalten.

1. Vor einen Fuchs ohne Unterschied gegen Ablieferung des Balges     10 gr. 6 pf.
2. Vor eine wilde Katze zu aller Zeit     6 gr.
3. Vor Marder, Raß und Wiesel — werden dem Forstbedienten zu seiner Ergötzlichkeit überlassen.
4. Vor einen Steinadler zu aller Zeit     8 gr.
5. Vor einen Schuhuth     6 gr.
6. Vor einen Habicht     4 gr.
7. Vor einen Röttelgeyer, Sperber und andere Raubvögel     1 gr. 3 pf.
8. Vor eine Eule     10 pf.
9. Vor einen Kolkraben     2 gr.
10. Vor eine Schildkrähe gegen Ablieferung des Kopfs und der Klauen     10 pf.
11. Vor einen Elster     10 pf.

12. Vor

12. Vor kleine Raben, Dohlen u. dergl. —
nichts.
13. Vor den Fischreiher                    4 gr.
14. Vor den Rohrdommel                   2 gr.

In andern Gegenden S. sind folgende
Listen und Bezahlungen üblich:

1. Für einen Wolf — 1 Rthlr. Schießgeld für
   den Förster, in dessen Reviere er geschossen
   wird und 2 Klaftern Holz für den Schützen.
2. Für einen Luchs — desgleichen.
3. Für einen Fuchs im Sommer 6 gr. im Winter so wie bey Marder und Iltis ohne Auslieferung — der Balg.
4. Für ein Eichhorn                    1 gr. 9 pf.
5. Für einen Adler gegen Ablieferung der Fänge so wie bey allen Raubvögeln        12 gr.,
6. Für einen Fischaar                      6 gr.
7. Für einen Fischreiher                  12 gr.
8. Für einen Rohrdommel                    6 gr.
9. Für einen Hühnergeyer (Hühnerweyhe) 6 gr.
10. Für einen Mäuseaar                      6 gr.
11. Für alle übrigen Raubvögel      1 gr. 9 pf.
12. Für einen Holzheher             1 gr. 9 pf.
13. Für einen Specht (von aller Art) 1 gr. 9 pf.
14. Für einen Kolkraben                     2 gr.
15. Für Raben, Krähen und Elster in ebenen Ge-
    genden                                 6 pf.
16. Für einen Kreutzschnabel               6 pf.

So wie diese wenigen Verfügungen, so
sind die meisten andern, nur geben einige mehrere andere wenigere Raubthiere und Raubvögel,

gel, und wieder einige mehr und andere weni=
ger Schieß = oder Fanggeld an.

Man erlaube mir zum Besten der guten
Sache nur einige wenige Bemerkungen, um
die Unzulänglichkeit solcher Regulative zu zei=
gen, ohne daß ich mich auf die Rechtmäßig=
keit der Vertilgung dieser Thierarten einlasse,
noch über das Verhältniß des Schieß = und
Fanggeldes derselben urtheile, welches bey=
des sich aus der Abhandlung und beygefügten
Tabelle von selbst ergeben wird.

Was versteht man denn eigentlich unter
Habichten und Weyhen?

Ich weiß es wohl, was die Jäger ge=
wöhnlich so zu nennen pflegen; allein die Be=
stimmung der Verschiedenheit dieser Raubvö=
gelarten beruht auf so truglichen und unstatt=
haften Kennzeichen, die auch demjenigen, der
nur mittelmäßige naturhistorische Kenntnisse
hat, sogleich einleuchten müssen. Und wenn
man auch in der Lebensart und dem äußern
Ansehen der Thiere einige Merkmale auffinden
könnte, wodurch sich die obengenannten Raub=
vögelarten sowohl unter sich, als von andern
unterscheiden, woran ich aus langer Erfah=
rung noch gar sehr zweifele, so kann man
dieß doch nicht an den Füßen oder vielmehr
an den Fängen (um schulgerecht zu reden) er=

*5                                      ken=

kennen, die doch bloß ausgeliefert werden. Ich kenne aus vieljähriger Beobachtung der Raubvögel ihre Fänge so genau, als sie nur irgend ein Jäger kennen mag; aber ich getraue mir doch in vielen Fällen nicht mit Gewißheit zu behaupten, jene Fänge sind von diesem, und diese von jenem Raubvogel, so versteckt sind theils die Unterscheidungsmerkmahle, theils ähneln sie sich einander so sehr, besonders wenn die Farben verloschen sind, wie sie es gewöhnlich bey einer nur jährlichen Auslieferung seyn müssen. Was wird es denn auch mit jenen Raubvögeln, die keine Habichte und Weyhen sind? Giebt es nicht unter jenen weit schädlichere als unter diesen?

Und wenn ich vollends in meiner Abhandlung zeigen werde, daß bey weiten nicht alle so genannte Habichte und Weyhen und überhaupt viele sogenannten Raubvögel nicht den Schaden stiften, dessen man sie beschuldigt, ja einige entweder mehr nützlich als schädlich sind, oder wohl gar der Forst = und Feldökonomie den größten Nutzen verschaffen — was dann zu thun?

Ich kenne nur zwey Fälle, um sich aus dieser Verlegenheit zu reißen, wenn es uns anders ein Ernst ist, würdige Haushalter in Gottes Natur zu seyn. Sie sind diese: Entwe-

weder man muß auf irgend eine Art den Förstern und Jägern Gelegenheit verschaffen, sich
die ihnen so nöthigen naturhistorischen Kennt-
niße zu verschaffen, wo sie alsdann selbst nach
einem vorgeschriebenen Regulative nur die wirklich schädlichen Thiere schießen, fangen und
ausliefern werden, oder es werden einstweilen
bey den Forstkollegien und Forstämtern Na-
turalienkabinette nothwendig, wo den Förstern
bey der schicklichsten Gelegenheit augenschein-
lich gemacht wird, welche Thiere sie künftig
als schädlich zu verfolgen, und welche sie als
nützlich zu schonen haben. Anders sehe ich
nicht ab, wie man ihnen begreiflich machen
will, wie sich ein Stockfalke von einem Wes-
penfalken unterscheide, und wie er jenen als
einen schädlichen Vogel, diesen aber als einen
nützlichen behandeln kann und soll. Nur dann,
wenn wir schon die Mittel kennten, um den
Schaden abzuwenden, den die mehr schädlichen als nützlichen oder die gleich schädlichen
und gleich nützlichen Thiere leisten, die unter
der Liste des Raubzeugs stehen, dürften wir,
wenn wir unser Gefühl dabey genug abzuhär-
ten im Stande wären, unsers eigenen Interesses halber, alles, was uns in der lebenden
Natur nicht behaglich vorkäme, über die Gränzen des Landes und Lebens verweisen. Jetzt ist
aber

aber zum Glück für diese Geschöpfe des weisesten Urhebers der Erde, die Zeit noch nicht
da, und wir müssen sie, wir mögen wollen
oder nicht, so bald uns nur über ihre Natur und Lebensart die Augen geöffnet sind,
um unser eignes Interesse nicht zu stöhren,
leben und wirken lassen.

Sonderbar genug ist es überhaupt, daß
man so viel von Ausrottung der schädlichen
Thiere spricht und schreibt, aber sich so wenig um
die Schonung der nützlichen bekümmert.

Wenn auf der einen Seite durch unzu-
längliche Regulative über die Vertilgung der
Raubthiere viele nützliche Thiere mit verfolgt
werden, so werden auf der andern Seite wieder andere wo nicht gehegt, doch verschont,
die doch vielmehr als jene den Nachstellungen
des Forstmanns empfohlen seyn sollten. Hierzu rechne ich die schädlichen Schlangenarten,
die in kultivirten Gegenden weit nachtheiliger
für das Menschenwohl werden, als die ver-
wünschtesten Raubthiere. Und wo ist die
Jagdverordnung, worin dem Jäger für ein bestimmtes Schießgeld die Verminderung dieser
furchtbaren Amphibien zur Pflicht gemacht
würde? Wo ist weiter die Forstverordnung,
die

die den Förster verpflichtete, für die Verminderung des verheerenden Borkenkäfers und
anderer schädlichen Insekten, die gehegt so oft
schon eine Pest der schönsten Schwarzwälder
geworder. sind, zu sorgen?

Hier giebt es Gelegenheit, wo dem Jäger
und besonders dem schlechtbesoldeten Jägerbur-
schen sein Schießgeld, das ihm leider so un-
entbehrlich gemacht ist, wieder vergütet werden kann. Es ist ohnehin meine Absicht gar
nicht, wie es wohl für manchen den Anschein
haben möchte, durch diese Musterung der
wirklich oder vermeint schädlichen Thierarten
dem Jäger seine Einkünfte zu schmälern. So
lange diese Accidenzien noch ein Stück seiner
Besoldung ausmachen; so muß er allerdings
irgend eine Entschädigung haben, wenn es
ihm nicht mehr frey steht, alles was er bisher für Raubthiere gehalten hat, zu tödten und
auszuliefern. Der Preis der wirklich
schädlichen Thierarten muß daher (wenn man
zu keiner andern Vergütung sich bequemen
kann) in eben dem Verhältnisse erhöhet werden, in welchem der der unschädlichen sich ver-
ringert. Für einen Stockfalken wird also ein
beträchtlicheres Schießgeld nöthig, wenn die
kleinen Eulen dem Landmann, ohne das Gewehr

des ·

des Jägers zu fürchten, seine schädlichen Feldmäuse vertilgen helfen sollen. Es würde mir
ein Leichtes gewesen seyn, hier die nöthige Ent-
schädigungs-Taxe zu liefern, wenn ich den
Forstcollegien und Forstämtern vorgreifen
wollte, denen ich diese Arbeit auch ohnehin,
durch die angehängte Tabelle, so viel als möglich erleichtert habe.

Nun noch etwas von der Behandlungs-
art meiner Materie.

In der Einleitung habe ich die Gründe
anzugeben gesucht, nach welcher nicht nur alle
Verminderung der Geschöpfe Gottes, die uns
schädlich dünken, sondern vorzüglich derjenigen,
welche den Jäger zu fürchten haben, erlaubt
wird. Wer sie nicht zu fassen vermag, der
überschlage sie, er wird demungeachtet nicht
an der Wahrheit und Anwendbarkeit der Sä-
ze der Abhandlung selbst zweifeln können.

Die Musterung der Thiere selbst ist kurz,
und begreift nur die Hauptmomente der Nützlichkeit und Schädlichkeit jeder hier vorkommenden Thierart, in so weit sie für gegenwär-
tigen individuellen Zweck nöthig und wichtig
waren. Nur hie und da habe ich es mir erlaubt

laubt bey sehr merkwürdigen Thieren die Wiß-
begierde der Forstmänner durch einige Bemerkungen über Lebensart und Oekonomie derselben zu reizen und sie zum Studium der Naturgeschichte zu ermuntern.

Wo ich zweifeln mußte, ob meine Leser
sogleich den Namen nach das bezielte Thier
kennen möchten, habe ich auch eine kurze Beschreibung desselben beygefügt, die es bey ein
wenig Aufmerksamkeit sogleich von andern unterscheiden lehrt. Um das genannte Thier so
wohl für den Kundigen als Unkundigen bestimmt genug kenntlich zu machen, habe ich
auch die Lateinische Linne'ische Benennung bey-
gesetzt. Glückt es mir, wie ich nach dem Bey-
fall unserer vorzüglichsten Naturforscher mir
schmeicheln darf, eine annehmungswürdige
charakteristische deutsche Nomenklatur einzu-
führen, wohin die Benennungen in meiner
gemeinnützigen Naturgeschichte Deutschlands für Forstmänner ꝛc. zielen, so wird
auch dieser Nothhelf in Zukunft für unsere
Muttersprache nicht mehr nöthig seyn.

Zuletzt wünsche ich nichts mehr, als daß
diese Bogen auch eine kleine Ermunterung,
vorzüglich für den Forstmann, seyn mögen,
auf

c

auf das, was unter seine Hände gethan ist,
sorgfältiger als bisher zu achten, und mit
dem, was Gott gemacht hat, so zu schalten,
wie es der weisen Absicht des Schöpfers
und unserer forschenden Vernunft gemäß und
würdig ist.

Der Verfasser.

# Einleitung.

Je ausgebreiteter und vollständiger unsere Kenntnisse im Felde der sichtbaren Natur werden, in tiefer und schärfer unsere Blicke in diese große Haushaltung Gottes dringen, je mehr wir uns dem erreichenswerthen Ziele nähern, die vielgegliederte belebte und unbelebte Natur um uns her, ihren einzelnen Theilen und deren vielseitigen Verbindungen nach, mit umfassenden Blicke wie auf einer Charte zu überschauen; desto mehr finden wir — auch durch Erfahrung bestätigt — daß kein Glied in diesem großen freyen Naturstaate unnütz da sey, daß hier — Alles zusammenweise und wechselseitig auf einander wirke — Alles einem großen Plane gemäß

und nicht nach Willkühr in einander greife — Al;
les auf diesem ihm vorgezeichneten Wege, unter
diesem Streben und Gegenstreben zu einer großen
allgemeinen Vollkommenheit hinwirke.

Diese aus dem großen Buche der Natur abge=
zogene und durch so viele über dasselbe commenti=
rende Schriften bestätigte Wahrheit, soll und muß
als Grundsatz denjenigen immer leiten, der den
Werth der natürlichen Dinge untersuchen, und über
dieselben urtheilen will. Dann wird er nicht bloß
dabey stehen bleiben, jeden Naturgegenstand, als
Symbol der Macht und Weisheit des Schöpfers,
schön an und für sich, zu achten und zu bewundern;
sondern immer näher geführt werden, auf den gro=
ßen, wenn gleich nicht immer ganz eingesehenen
und aufgedeckten Werth, den dieser Gegenstand
auf seinem Standpunkte durch Beziehung und Ein=
wirkung aufs Ganze und dessen Theile hat —
Dann wird er klar einsehen, daß eigentlich nichts
in der Natur schlechthin unnütz und schädlich sey,
und daß z. B. der Löwe, Adler, die Brillenschlan=
ge, der Haifisch, Borkenkäfer und andere Thiere,
die wir gewöhnlich Raubthiere und Ungeziefer nen=
nen, nicht als überflüßige und schädliche Thiere,
sondern als Räder in der großen Weltuhr anzuse=
hen

hen seyen, durch deren Mangel die ganze Maschi-
ne, wo nicht stocken, doch unrichtig gehen würde.

Wer von der Ueberzeugung ausgeht, daß der
Schöpfer in der Natur alles nach der weisesten
Einrichtung zusammenpaßte, (und das thut ja jeder, der sich nicht weiser, als der Schöpfer selbst
dünkt) der verschmähet sogar die Beweise jener Behauptung, welche sich auf Erfahrungsbelege gründen; und wenn er sich den Menschen als Naturmenschen mit wenigen Bedürfnissen ins Ganze
hineindenkt, so verschwindet für ihn auch jeder
Schein, der jene Behauptung einschränken oder um-
stößen könnte. Wer hält, z. B. in jenen Wüste-
neyen und Einöden, wo die Hand des kultivirten
Menschen noch nicht hingedrungen ist, wo also noch
Alles, was lebt und wächst, unter der unumschränk-
ten Herrschaft und Benutzung der Thiere und des
Naturmenschen steht, das so nöthige Gleichgewicht
im Thierreiche — wer anders als die Raubthiere,
worunter der Mensch als das vornehmste gehört?
Wer macht in undurchbringlichen waldigen Wildniß-
sen dem harrenden jungen Nachwuchse Raum — wer
anders als der verheerende Borkenkäfer und ähnli-
che Verwüster? Wer verzehrt die Millionen Vege-
tabilien und ihre Früchte da, wo es weder Küche,
Keller, noch Scheunen giebt — wer anders als

A 2 die

die dazu bestimmten bey uns verschrieenen Na-
gethiere?

Allein der Mensch kultivirt sich, schafft sich
Bedürfnisse, die mit dem Interesse der Thiere strei-
ten, und muß also allerley künstliche Mittel ersin-
nen, sie zu behaupten. Daher stellt und dreht er,
so viel er weiß und vermag, an dem natürlichen Gan-
ge jener Uhr — und zwar um so rascher und küh-
ner, da er es kann, und da er auch nach einem
von ihm angenommenen Grundsatze, sich als den
Mittelpunkt der Schöpfung und für den unum-
schränkten, ungebundenen Beherrscher aller
Erdengeschöpfe hält, zu dessen Gebrauche alles
da sey.

Es ist also in der sich selbst über-
lassenen Natur Gleichgewicht —?

Der kultivirte Mensch aber hat mit
den Fortschritten seiner Kultur seine Herrschaft über die Erde unabsehlich erweitert,
und erlaubt sich in Hinsicht seines eigenen
Interesses jenes Gleichgewicht zu stöhren.

Nach

Nach dem ersten dieser Sätze, die ich bey Entwerfung meiner Abhandlung vor Augen haben mußte, ist Alles, was die Natur hervorbringt nützlich und harmonirt, und nur dem zweyten zu Folge nennet der Mensch in Absicht seines ihm selbst geschaffenen Interesses dieses und jenes in der Natur (ihm) schädlich — Und so heißt denn schädlich dasjenige, was gerade zu gegen das Interesse des kultivirten Menschen streitet, und nützlich, was dasselbe befördert.

Nun steht es aber dem Menschen, der sich selbst als vernünftigen Herrscher und wohlbestallten Haushälter in der sichtbaren Natur um sich her ansieht, doch wohl an, sich fein zu besinnen, wie er in dieser Natur zu schalten und zu walten habe, und es ist Pflicht für ihn, auf welche Vernunft und selbst sein eignes Interesse ihn hinweisen, es sich zu einer Gewissensfrage zu machen: „In „wie fern habe ich, um am wenigsten und „ohne Frevel, in den Naturgang zu Gun= „sten meines Interesses einzugreifen, an je= „ner Uhr zu drehen und zu stellen?‟ Wo es denn klar ist, daß er alle Erfahrungen und Einsich= ten zu Hülfe zu nehmen habe, um sich diese Frage zu beantworten oder sich ihrer genauern Beantwor=

tung

tung doch zu nähern. Dann aber wird er auch zu einer weisen Mäßigung und zu Regeln gelangen, welche ihn (gleichsam zu seiner eignen Ehre) bey seinen Operationen in der Natur leiten müssen: dann wird er richtiger entscheiden, welche Gegenstände der Natur mehr oder weniger mit seinem Interesse zusammen stimmen, welche schädlich und nützlich seyen, welche er zu veredlen, zu begünstigen, zu vermehren habe, und welche er zu vermindern, zu entfernen, zu verscheuchen sich erlauben dürfe.

Zur Bewirkung einer solchen weisen Vorsicht und vernünftigen Mäßigung, besonders in dem Kreise des Jägers und Forstmannes, suche ich nur durch diese kleine Abhandlung mein Schärflein in der besten Absicht beyzutragen.

In der That werden wohl ziemlich allgemein viele Thierarten in dem Gebiete des Jägers nicht so wohl der Feld- als der Wild- und Waldkultur nachtheilig gehalten, die es doch nicht sind, wie z. B. die mehrsten Eulen; dagegen wiederum andere, wenn sie auch nicht für unschädlich gehalten werden, doch unverfolgt gedeihen, wie z. B. verschiedene höchst schädliche Forstinsekten und die giftigen Schlangen.

Ich

Ich glaube daher, keinem überflüßigen Geschäffte mich hierzu unterziehen, wenn ich so kurz
und treu als möglich unterſuche, was für Thiere
dem kultivirten Menſchen mittelbar oder unmittelbar mehr läſtig und ſchädlich als nützlich werden, auf deren Verminderung alſo der Jäger,
ſeiner Beſtimmung nach, ſein Augenmerk zu richten hat. Ich ſage mit Vorſaß bloß — auf deren Verminderung er ſein Augenmerk zu richten
hat — weil eine gänzliche Ausrottung *) der
Geſchöpfe eines Theils, wie ich glaube, dem Menſchen in Rückſicht des Schöpfers gar nicht zuſteht,
andern Theils aber auch die Verſuche z. B. an Kaß-
zen, Sperlingen, Krähen u. d. gl. **) hinlänglich gezeigt haben, daß ihre gänzliche Vertilgung
mehr Schaden als Nußen zu Wege brachte.

Um einen deſto ſicherern Leitfaden zu haben,
werde ich die Thiere nach ihrer allgemein bekannten und angenommenen Claſſification durchgehen,
A 4 und

*) Wie man ſie bey den Gemſen und Steinböcken zu
befürchten hat. S. unten Gemſe und Steinbock.
**) S. unten Hausſperling und meine gemeinnüß-
zige Naturgeſchichte Deutſchlands für Forſtmänner
2c. B. I. S. 259.

und also erſtlich die wirklich und vermeint ſchädlichen Säugethiere mit ihren Unterabtheilungen,
dann die Vögel und Amphibien und endlich die
Inſecten aufzählen; denn der ſchädlichen Fiſche
und Gewürme, die unter dieſe Thierclaſſen noch
gehören, kennen wir theils in Deutſchland ſehr
wenige, theils liegt ihre Verminderung auch außer
den Gränzen der gewöhnlichen und beſtimmten
Jägerpflichten.

Muſte-

# Musterung

der schädlichen oder für schädlich geachteten Thiere.

—••••••—

## Säugethiere.

—••••—

## I. Primaten.

In dieser **Ordnung** (wie man die Unterabtheilungen der Thierklassen zu nennen pflegt) kennen
wir keine einheimischen Thiere, die für schädlich gehalten werden, als die **Fledermäuse,** deren es
**sieben Arten** giebt.

### 1. Die langöhrige Fledermaus *).

Sie ist 2 1/4 Zoll (Par. M.) lang, oben schwarz-
grau unten gelblichweiß, und hat Ohren, die fast so
lang als der Leib sind. In jeder Ohröffnung steht auch
noch ein langes häutiges Blättchen, das ein Ohrdeckel ist, und verursacht, daß man dieser Fledermaus zuweilen vier Ohren zuschreibt.

A 5

Ih-

*) Vespertilio auritus. Lin.

Ihre **Wohnung** schlägt sie theils in den Ritzen und Klüften alter und beschädigter Gebäude theils in den Höhlen der Bäume und Felsen auf.

## 2. Die gemeine Fledermaus *).

Man trifft sie oft von einer erstaunenden Grösse an, wo ihr Körper größer als der von einer Hausmaus ist, und die Flügel über 1 1/2 Fuß klaftern. Oben ist sie aschgrau und unten weißlich. Die Ohren sind bey dieser Art nicht länger als der Kopf, welcher fast einem Mäusekopfe ähnlich sieht.

Man trifft sie zwischen den breternen Verschlägen an Gebäuden und in Gärten und Wäldern in hohlen Bäumen an.

## 3. Die Speckmaus **).

Eine große Fledermaus; denn ihr Körper ist 3 Zoll lang und die Flügel breiten sich 1 Fuß 4 Zoll weit auseinander. Ihr Pelz ist schmutzigbraun, oben dunkler als unten, und Schnauze, Kinn, Flughaut, Beine, Füße und Ohren sind schwarz. Die Schnauze ist kurz und breit und die sehr abgerundeten Ohren sind kürzer als der Kopf.

Sie

---

*) Vespertilio murinus. Lin.
**) Vespertilio noctula. Lin.

Sie wohnt gern in Wäldern in hohlen Bäumen, und kommt in Städten auf großen Böden nur selten vor.

## 4. Die rauhflügelige Fledermaus *).

Da ich diese schöne Fledermaus bey der Herausgabe meiner gemeinnützigen Naturgeschichte Deutschlands noch nicht kannte, sie aber seitdem nicht selten in Schwarzwäldern, besonders in den tiefern gebirgigen Gegenden angetroffen habe; so wird eine kurze Beschreibung derselben hier, wie ich hoffe, nicht am unrechten Orte stehen. Vielleicht daß durch dieß Beyspiel hie und da ein Förster gereizt wird, auf die Natur aufmerksamer zu werden, als es bisher geschehen ist.

An Größe gleicht sie einer Hausmaus, an Gestalt aber der Speckmaus und gehört also zu den großen Fledermäusen. Die Länge von der Mundspitze bis an die Schwanzwurzel ist 3 1/2 Zoll (Pariser Maas); der Schwanz mißt 1 1/2 Zoll und die Flügel klaftern 1 Fuß 3 Zoll. Der Kopf ist 9 Linien lang, die Ohren 7, der kleine Ohrdeckel 2, die Mundspalte 6, das Achselgelenke 9 Linien, das

Ellen

*) Vespertilio lasiopterus. Lin.

Ellenbogengelenke bis an den 3 Linien langen Daumen 2 Zoll, und der erste Finger bis an die Flügelspitze 3 1/2 Zoll. Das Bein mißt bis an das Fußblatt 9 Linien, der Fuß bis an die Ferſen 3 Linien und die gleich langen Zehen 4 Linien.

Die Schnauze iſt kurz und dick, die Naſenlöcher ſind aufgeblaſen und haben zur Seite eine runde Oeffnung; noch aufgeblaſener ſind die Backen; ſo wohl auf dem Mundrande als auf den Backen ſtehen einzelne feine röthliche Haare. In der obern Kinnlade iſt vorne ein leerer Raum, hierauf folgen auf jeder Seite ein einzelner ſpitziger Vorderzahn, auf dieſen ein großer ſpitziger Eckzahn und darauf 3 ſcharfe und breykantige Backenzähne; die untere Kinnlade enthält vorne ſechs kurze, ſtumpfe dicht in einander geſchichtete Vorderzähne, darauf auf jeder Seite einen breitern und ſchärfern Eckzahn als in der obern Kinnlade, der in den Zwiſchenraum der obern vordern Zähne und des Eckzahns eingreift, alsdann 4 eben ſo geſtaltete doch etwas ſtumpfere Backenzähne. Die ganze Schnauze iſt ſchwarz, bey jungen ſchwarzbraun. Die Ohren ſind ebenfalls ſchwarz und kegelförmig geſtaltet, haben unten auf der äußern Seite einen weit eingebogenen Rand, und ein muſchelförmiges, oben ſtark abgerundetes Ohrendeckelchen. Die Flügel

ſind

sind zusammengbiegt schwarz, ausgebreitet, wegen ihrer Durchsichtigkeit, heller. Von der Schulter bis an den Daumen läuft inwendig ein 3 bis 4 Linien breiter Streifen von braungelben Haaren hin; auch sind die Seiten der Flügel neben dem Bauche 3/4 Zoll weit damit dicht besetzt. Neben den Beinen die mehr zur Seiten schief heraus stehen, als bey andern Fledermäusen, läuft auch ein, aber wenig bemerklicher, Haarstreifen hin; sonst ist der Schwanz kahl und die Spitze steht 1 Linie weit uneingefaßt vor. Die Nägel sind weiß, die des Vorderdaumens nicht wie gewöhnlich scharf, die der Füße aber sehr spitzig und scharf. Der ganze Balg ist oben und unten gelbbraun oder vielmehr schmutzig fuchsroth, kurz und feinhaarig. Er sticht sehr schön gegen die schwarze Gliederfarbe ab.

Das Weibchen ist etwas kleiner als das Männchen, auch etwas schmutziger von Farbe. Man muß aber beyde Geschlechter beysammen haben, wenn man diesen Unterschied gewahr werden soll.

Die Jungen sehen das erste Jahr über schmutzig gelbbraun aus. Ihre Farbe nimmt sich daher nicht so gut aus, wie die der Alten.

Diese Fledermaus hat eigentlich ihren Aufent=
halt in Schwarzwäldern. Hier wohnt sie in alten
hohlen Bäumen und vorzüglich zwischen den aufge=
klafterten Scheitholze. Auch besucht sie alte Stol=
len und Schachte. Sie hält einen langen Win=
terschlaf, und ich habe sie nie eher als in der letz=
ten Hälfte des Aprils fliegend bemerkt.

Ihre Nahrung besteht in allerhand Käfern
und besonders Abend= und Nachtschmetterlin=
gen; sie wird daher durch Vertilgung des schädlichen
Fichtenschwärmers, Fichten= und Kiefernspinners
sehr nützlich und verdient unsre Schonung auf eine
vorzügliche Weise.

Sie bringt im Mai zwey Junge zur Welt;
kann sich aber wohl deshalb nicht sonderlich ver=
mehren (denn sie bleibt immer selten), weil ihre
Brut und sie so oft zerstöhrt und vertilgt werden.
Denn sie klebt mehrentheils mit den Jungen an der
Brust in den Holzhaufen, wenn diese alsdann nach
Hause gefahren werden, so wird sie gewöhnlich von
den Holzmachern oder Fuhrleuten mit und ohne
Vorsatz getödet.

5. Die

## 5. Die blaſſe Fledermaus *).

Sie iſt kleiner als die vorhergehende und auch noch ſeltener. Ihr Schnanze iſt länglich und ſpitziger als bey andern Fledermäuſen, die Ohren aber ſind breit und kurz. Der Oberleib hat eine lichtbräunliche und der Unterleib eine gelblichgraue Farbe.

Ihren Aufenthalt hat ſie vorzüglich in Gärten in hohlen Obſtbäumen.

## 6. Die Fledermaus mit der Hufeiſennaſe **).

Ihr ſonderbarer Naſenbau, der einen häutigen Hufeiſen gleicht, unterſcheidet ſie von allen andern. Sie iſt von mittler Größe und wohnt in großen Geſellſchaften in alten, einzeln liegenden und weitläuftigen Gebäuden.

## 7. Die Zwergfledermaus ***).

Ein kleines Thierchen, das noch nicht ſo groß als eine Spitzmaus iſt. Die Farbe iſt dunkelentz

---

*) Vespertilio serotinus. Lin.

**) Vespertilio Ferrum equinum. Lin.

***) Vespertilio pipiſtrellus. Lin.

entweder bräunlich- oder bläulichschwarz. Die Ohren sind so lang als der Kopf und eyrund.

Es halten sich ganze Gesellschaften in Wäldern in hohlen Bäumen auf. Zwischen den Bre-
terverschlägen auf den Dörfern trifft man sie auch,
wiewohl seltener an.

Für die Verminderung aller dieser Arten von
Fledermäusen bekömmt der Jäger freylich keine bestimmte Belohnung (Schießgeld); allein da sie eins-
mal als Speckdiebe berüchtigt sind, so hält er sich doch
oft für verpflichtet, besonders da er sich an ihnen so
schön im Flugschießen üben kann, sie zu tödten.
Und daran thut er Unrecht; denn die Fledermäuse
nähren sich mehrentheils blos von schädlichen Insekten, die meisten gehen gar nicht, und wenige
nur im Nothfall nach Fettigkeiten, Speck, Un-
schlitt u. d. gl. und können dadurch von solchen Dingen abgehalten werden, daß man bey
regenhafter Witterung, wo die Insekten mangeln,
ihnen den Weg dazu verschließt.

Gegen eine zu starke Vermehrung hat auch die
wohlthätige Natur selbst schon Anstalten getroffen,
indem eine abwechselnde Winterwitterung sie zuweilen

len faft gánzlich aufreibt. Wer fie in Háufern
fcheut, darf nur feine Löcher in ben Wánben unb
zwifchen ben Breteruleiben, fo ift er auch ba vor
ihnen ficher. In Wálbern aber müffen fie als fehr
nühliche Thiere ohne alle Einfchránfung gefchont
werben, weil ich aus langer Erfahrung weiß, baß
fie nicht allein eine ungeheure Menge Maifáfer
unb Borfenfáfer, fonbern auch Kiefernfchwármer,
Kieferns unb Fichtenfpinner, Mücfen u. b. gl.
zu ihrer Nahrung auffuchen.

## II. Raubthiere.

————•◦•————

Die mehreſten Thiere dieſer Ordnung ſind das
Ziel der Verfolgungen des Jägers, da ſie theils ſeiner Wildbahn, theils in der Oekonomie auffallend
ſchädlich werden. Nur aus der gehörigen Wür-
digung des Schadens und Nutzens, den die Raubthiere bringen, laſſen ſich ſichere und gültige Regeln für die Rechtmäßigkeit ihrer zu vermehrenden
oder zu vermindernden Verfolgung herleiten. Die
hieher gehörigen Raubthiere ſelbſt ſind folgende.

## 1. Der Wolf *).

Er iſt als ein in cultivirten Gegenden ganz
unnützes Raubthier mit Recht ſchon in ſolche Gegenden verwieſen, wo ſeine Raubſucht für den Menſchen nicht mehr nachtheilig iſt, da er dort den Po-
ſten verwaltet, auf welchen er von dem weiſen
Schöpfer geſetzt iſt, nämlich den Ueberfluß an großen und kleinen (nützlichen und ſchädlichen) Säu-
gethieren und Vögeln, Aas u. d. g. wegzuſchaffen.
Wenn

*) Canis Lupus. Lin.

Wenn er sich es daher noch zuweilen einfallen läßt, aus den Oesterreichischen und Pohlnischen Wildnissen eine Streiferey nach Thüringen zu wagen; so werden auch sogleich die nachdrücklichsten Veranstaltungen zu seiner Verfolgung getroffen, da er bey uns aus Mangel an gewöhnlicher Nahrung, als Hasen, Hamster, Mäusen, wildem Geflügel 2c. genöthigt ist, edlere Haus = und Waldthiere, als Rothwildpret und Schafe, anzugehen. Ja in Hungersnoth fällt er größeres Rindvieh, Pferde und sogar die Menschen an. Letztere sind jedennoch in Wildnissen vor ihm sicher, wenn sie Feuer aufschlagen, oder sonst ein klirrendes Geräusch hervorbringen können. Die Reiter pflegen in dieser Absicht etwas rauschendes, eine Kette, einen Strick oder ein Strohseil hinter sich herzuschleppen.

## 2. Der Fuchs *).

Ein Raubthier, dessen Schädlichkeit in Ansehung der Wildbahn schon daraus erhellet, daß in solchen Gegenden, wo er noch in Menge wohnt, schlechterdings weder Hasen, noch Feld = und Waldhühner, gedeihen können. Hier muß daher mit Nachdruck als gegen ein überwiegend schädliches

*) Canis Vulpes. Lin.

Thier

Thier zu Felde gezogen werden. Am sicherften wird
er alsdann vermindert, wenn der Jäger im Junius
seine Baue auffucht, und die Jungen, in deren Ge=
fellschaft gewöhnlich auch die Mutter ift, ausgräbt.
Will er hier zugleich die Güte feines Balges benuz=
zen, und nur den Winter über auf ihn Jagd ma=
chen; so wird er nur sehr langsam feinen Zweck er=
reichen, wo nicht gar verfehlen. In folchen gebir=
gigen Gegenden aber, wo er diefen Schaden nicht
thun kann, weil hier die Hafen gewöhnlich nur fel=
ten find, und die Waldhühner nur beftimmte
Plätze zu ihrem Aufenthalte wählen, auch da, wo
er ohnehin schon so sehr vermindert ift, wie auf
dem Thüringerwalde, sollte man ihn nicht ganz
auszurotten oder zu verdrängen fuchen, wie es wirk=
lich auf verschiedenen Forften den Anschein hat;
denn es ift doch ausgemacht, daß er hier mehr Jagd
auf schädliche Thiere, z. B. die alle Pflanzen ver=
heerenden Feld= und Waldmäufe macht, und dem
eigentlichen gebirgigen Wildpret nur felten nachthei=
lig wird. Ich beforge, daß, wenn man so fortfahren
wird, ihn, die Wiefeln und die nützlichen Eulen auszu=
rotten, die neuen Anpflanzungen und der junge Anflug
alsdann den Mäufen gänzlich Preiß gegeben feyn
werden.

—◄•••►—

3. Die

### 3. Die wilde Katze *).

Es ist ausgemacht, daß diese Raubthiere der Wildbahn großen Schaden thun. Durch ein listiges Erschleichen fangen sie junge Rehe, Hasen und alles Feldwildpret weg; freylich auch Mäuse. Nach den genauesten Beobachtungen überwiegt ihr Schaden, den sie besonders an den Federwildpret thun, ihren Nutzen, den sie durch Vertilgung schädlicher Waldmäuse leisten. In Thüringen und vielen andern Gegenden Deutschlands aber sind sie jetzt so einzeln, daß man ihre Verfolgung ohne großen Nachtheil bis in Winter versparen kann, um alsdann ihren Balg und ihr Fett, beydes nützliche Produkte, zu erhalten.

### 4. Der Luchs **).

Ein grausames Raubthier, das billig vom Jäger in die große Wildnisse, wo seine Gierde nach Rothwildpret ohne Nachtheil einer cultivirten Wildbahn gestillt werden kann, verwiesen wird. Es wird dadurch um so schädlicher, daß es nur selten das ganze Thier, z. B. ein Schmalthier, auffrißt, son-

B 3                    dern

*) Felis Catus sylvestris. Lin.
**) Felis Lynx, Lin.

dern nur das Blut aussaugt, und drey bis vier
Pfund von den edlern Eingeweiden, dem Halse,
den Wannen und Keulen zu sich nimmt, das übrige
hingegen verscharrt liegen läßt, und auf frischen
Raub lauert.

Ich weiß, daß man in einigen Forsten des
Thüringerwaldes an eine Wildseuche glaubte, als
man im Sommer 1788 einen so großen Wildman-
gel bemerkte, und die Jagdhunde beständig Wildaas
ausspürten. Allein im Winter 1789 zeigte es sich
an den Fährten, daß sich ein Pärchen Luchse daselbst den ganzen Sommer durch aufgehalten, aller
Wahrscheinlichkeit auch Junge in einer Felsenkluft
gebracht, und diese Verheerung unter der Wildbahn
angerichtet hatten.

Sie fallen auch zuweilen des Nachts in die
Schafhorden ein, und würgen so viel sie können.
In Thüringen hat einmal ein einziger in einer
Nacht dreyßig Stück Schafe erwürgt. Sie sind in
Deutschland fast allenthalben nur als Zugthiere be-
kannt, die zuweilen noch aus den Wildnissen Pohlens
und Böhmens Streifereyen in ihr sonstiges Vaterland
unternehmen. Da sie selten des Sommers be-
merkt werden, so hat also der Jäger auch nur im
Winter

Winter, wenn ihr kostbarer Balg gut ist, Gelegen=
heit, sich ihrer zu bemächtigen.

———————•———————

## 5. Der Steinmarder *)

ist ein blutdürstiges Raubthier, das sich fast
immer nur in bewohnten Gegenden in alten Gebäu=
den aufhält, und daher von jeher als ein der Oeko=
nomie schädliches Thier vom Jäger hat verfolgt wer=
den müssen. Er stellt vorzüglich dem zahmen Fe=
dervieh und dessen Eyern nach, leert auch sogar Obst=
bäume, z. B. Sauerkirschbäume ab.

Die Natur der Dinge zeigt, daß dieses Thier
allerdings gänzlich aus der Gesellschaft der Men=
schen verbannt werden muß. Es ist also der Jä=
ger Pflicht, dem Landmann, der einen solchen Räu=
ber in seinem Hause bemerkt, die schleunigste Hülfe
zu leisten, oder ihm zu erlauben, sich selbst dieses
unangenehmen Gastes durch Fallen zu entledigen **).

B 4                          6. Der

*) Mustela Foina. Lin.
**) Es ist bekannt, daß sich diese Thiere fast in je=
dem Dorfe aufhalten, und daß der Landmann oft
vielen Schaden an Federvieh von ihnen leiden muß.
Wie viele können z. B. schlechterdings der Marder
halber keine Tauben an ihr Haus gewöhnen, und kein
junges Huhn aufbringen? Sollte es ihnen also
nicht

## 6. Der Baummarder (Waldmarder *).

Nicht sowohl ihre Raubgierde, wodurch sie
dem Feldwildpret nachtheilig werden, als vielmehr
ihr kostbarer Balg hat sie in cultivirten Forsten sehr
selten gemacht. Diejenigen, die es noch giebt, können daher keinen Schaden mehr thun, und der Jäger wartet also, ohne Verletzung seiner Pflicht, bis
zum Winter, wenn der Balg seine gehörige Güte
hat, ehe er an ihren Fang denkt. Sie nützen auch
ohnehin in Forsten durch Verzehrung des Ueberflus-
ses an Waldmäusen und Eichhörnern.

7. Der

nicht erlaubt seyn, sich dieser Thiere, so wie der
Ratten, erwehren zu dürfen, besonders wenn, wie
es gewöhnlich der Fall ist, der Jäger sehr entfernt
wohnt, und entweder zum Hülfeleisten keine Zeit
oder (wie es wohl auch zuweilen der Fall ist)
keine Lust hat. Ich weiß mehrere Beyspiele, wo
sich der Bauer nicht anders helfen konnte, als daß
er selbst Fallen legte; und was für eine Belohnung
erhielt er für diese nöthige Selbsthülfe? Er wurde in die Waldbuse geschrieben.

*) Mustela Martes. Lin.

### 7. Der Iltis (Ratz, Elbthier *).

Wenn er im Freyen wohnt, so halten Schädlich: keit und Nützlichkeit, in Rücksicht seiner Nahrungs: mittel, nicht nur das Ebenmaaß; sondern diese übertrifft auch jene noch gar sehr. Dann ob er gleich auch da den nützlichen Wald: und Feldvögeln nach: geht, so sind doch seine Hauptnahrungsmittel Maul: würfe, Hamster, alle Arten von Feldmäusen, Heu: schrecken und Schnecken. Im Felde halte ich ihn daher für ein nützliches Thier, und kann ihn nur alsdann für schädlich erklären, wenn er sich nach den Wohnungen der Menschen zieht, und dem Feder: viehe nachstellt. Dieß geschieht mehrentheils im Winter, wo auch sein Balg einigen Werth hat. Es wäre also billig, es jedem Landmanne zu über: lassen, sich dieses Thier dann eigenmächtig vom Halse zu schaffen, da sich nicht leicht ein Jäger die Mühe nehmen wird, demselben eines Iltis halber bey: zuspringen, dessen Fang ihm so wenig einbringt **).

B 5 Er

---

** Muſtela Putorius. Lin.

**) Wenn es dem Landmann zur Pflicht gemacht wird, (ob mit Recht oder Unrecht? will ich hier nicht un: tersuchen), die Sperlinge zu fangen, von denen nur er Schaden leidet; warum soll es ihm nicht erlaubt seyn,

Er würgt nicht, wie der Steinmarder, alles, was er im Tauben= und Hühnerhause vorfindet, sondern begnügt sich mit einem Thiere, das er faßt, fortträgt und verzehrt. Daher ist er auch nicht so schädlich) wie jener, und überdieß auch leichter zu fangen, weil ihm weder jenes List noch scharfer Geruch von der Natur verliehen ist.

## 8. Das große Wiesel *).

Es hat einen langen Schwanz und schwarze Schwanzspitze, ist dabey entweder roth oder roth= braun oder weiß. Letzteres liefert in nördlichen Ge= genden das schöne Hermelinpelzwerk. Bey uns ist diese Abänderung aber selten, und der Balg auch kurzhaariger und daher unbrauchbarer. **).

Diese Wieseln sind für die Laubhölzer unschätz= bare Thiere, nach deren gänzlichen Vertilgung ge= wiß

seyn, den Iltis zu fangen, der auch nur ihm schäd= lich wird?

*) Mustela Erminea. Lin.

**) Gewöhnlich wird der weiße Wieselbalg zur Ver= tilgung des Geschwulstes an den Eytern der Kühe und zur Heilung schwindender Glieder gebraucht, und der Landmann stellt daher diesem Thiere sehr nach.

wiß kein junger Schlag wieder entstehen würde.
Sie sind dazu bestimmt, der großen Vermehrung
der Wald = und Feldmäuse und der Maulwürfe
Gränzen zu sehen. — Freylich wird ihnen auch zu=
weilen ein junger nützlicher Vogel und Hase, ja im
Winter sogar (wiewohl äußerst selten) ein junges
angeschossenes oder durch die Schneeluft in seinem
Laufe aufgehaltenes Reh zu Theil. Allein wie
sehr verschwindet dieser Nachtheil, wenn man sich
denkt, daß nach den genauesten Beobachtungen ge=
wiß ein solches Wiesel 8000 schädliche Mäuse tö=
det, ehe es ein nützliches Auerhenneney verzehrt.
In Wäldern und Feldern wären sie also vielmehr
zu hegen, als zu verfolgen. Im Gegentheil ist es
eben so ausgemacht, daß sie alsdann, wenn sie sich
in den Wohnungen der Menschen niederlassen, den
größten Schaden durch Aussaufen der Hühnereyer,
Tödten der Hühner und Tauben, um sich an ihrem
Blute zu sättigen, verursachen. Es wird daher bil=
lig dem Landmann und Hausbesitzer, aber auch die=
sen nur allein, überlassen, sich derselben eben so,
wie der Mäuse, durch Fallen zu entledigen.

**9. Das**

9. Das kleine Wiesel (in Thüringen Heer-
männchen *),

mit kurzem Schwanze, der mit dem Oberleibe
einfarbig graubraun oder gelbroth ist. Im Freyen
ist es eben so nützlich, wie das große. In Häusern
geht es aber den Hühnereyern gern nach, und trägt
sie zwischen dem Kinn und der Brust alle zusammen
auf einen Haufen in seinen Schlupfwinkel. Seine Verfolgung muß daher wie billig auch nur dem
Landmann, dem es schadet, überlassen werden.

———•———

10. Der Fischotter **).

Ein Raubthier, das billig in diejenigen Gegenden verwiesen wird, wo sein Fischfraß den Menschen keinen Schaden bringt. Ich weiß Beyspiele,
daß ein einziger Fischotter im Thüringerwalde in
einem Winter die Forellenflüsse in einem Umkreise
von sechs Stunden gänzlich ausgefischt hat.

Der

*) Mustela vulgaris. Lin.
**) Lutra vulgaris. Mustela Lutra. Lin.

Der Balg dieser Raubthiere ist zu allen Jahrs-
zeiten gut; daher können sie auch zu allen Jahrszei-
ten, wenn man ihre sehr kenntliche Fährte im
Sand oder Schnee bemerkt (anders erfährt man
nicht leicht ihr Daseyn), gefangen werden. Sie
haben einen äußerst feinen Geruch; daher der Jäger die Falle sorgfältig vor Menschenwitterung zu
bewahren hat.

## 11. Der Nörz *).

Eine kleinere, und sehr seltene Fischotterart
von licht- und dunkelbrauner Farbe, die sonst die
Größe und Gestalt des Steinmarders hat, aber
kürzer und stärker von Haaren ist. Er geht nicht
nur den Fischen, sondern auch den Wasservögeln
und sogar in den Häusern dem Federvieh nach. Der
Jäger stellt ihm mit Vortheil nach, denn die Fein-
heit seines Balges wird ein wenig geringer als
Zobel geachtet.

12. Der

*) Lutra minor. Muſtela Lutreola. Lin.

## 12. Der Landbär *).

Da wo die Cultur in Deutschland auch die Gebirge und Waldungen durchbrungen hat, ist er schon längst vertrieben. In Thüringen kennt man ihn schon seit 1686, wo der letzte geschossen wurde, nicht mehr, und nur einige Oesterreichische Wildnisse haben ihn in Deutschland noch aufzuweisen. Der Mensch kann ihn, ohne die Gesetze der Natur zu übertreten, dahin verbannen, wo dessen Raubbegierde, die sich nicht nur an dem größern Wild, sondern auch an Pferden, Rind- und Schafvieh zeigt, ohne seinen Nachtheil gesättigt werden kann.

## 13. Der Vielfraß **).

Dieß Thier, das jetzt eigentlich den Norden von Europa und Asien zur Heymath hat, und sich nur selten aus Litthauen nach Deutschland verläuft, ist an Gestalt ein kleiner Bär, nur 2 Fuß lang. Sein weiches schönes Haar ist oben kastanienbraun, auf dem Rücken mit einem herzförmigen schwarz-braunen Fleck, welche dunklere Farbe auch der Un-

ter-

*) Urfus Arctos. Lin.
**) Urfus Gulo. Lin.

terleib hat. Es besitzt in Rücksicht seiner Größe
eine bewundernswürdige Stärke, fällt alle Thiere,
die ihm aufstoßen, große und kleine an, und ist
selbst ein Schrecken des Landbärs und Wolfs. Jeder Deutsche Jäger muß es daher, so bald es sich
durch seine auffallende Fährte, die, da es auf der
Ferßen geht, einem kleinen Kinderfuße nicht unähn-
lich sieht, wie den Wolf, aus allen Kräften verfolgen. Nicht nur das beträchtliche Schießgeld, das
man billig zur Vertilgung eines so großen Raub-
thieres festsetzen sollte, sondern auch der kostbare,
wie Seide glänzende Balg, der selbst in Rußland,
als ihrer Heymath, 4 Rubeln gilt, wird diese Mühe
hinlänglich belohnen.

## 14. Der Dachs *).

Der Unterschied, den die Jäger zwischen
Schweine - und Hundebachse machen, hat bloß in
der Einbildung seinen Grund. Einer findet an
seinem Kopfe mehr Aehnlichkeit mit dem Hunde, ein
anderer mit dem Schweine. Daher die verschiedene Benennung eines und eben desselben Thiers.

Die

*) Ursus Meles. Lin.

Die ganze Beschuldigung, die man ihm als
Raubthier machen kann, besteht darin, daß er die
jungen Vögel und Hasen, die er, doch ungesucht, an=
trifft, frißt.   Sonst besteht seine Nahrung in Küm=
mel= Tormentill= und andern Wurzeln, die er mit
seiner langen Schnauze auf den Waldwiesen aus=
wühlt,  aus allerhand schädlichen und unschädlichen
Insekten, aus Schnecken und Regenwürmern. So
lange er daher sich nicht zu stark vermehrt, die Wald=
wiesen zu sehr umwühlt, und den Landleuten die
gelben Rübenäcker ableert, ist er nur wie ein ande=
res unschädliches Thier zu betrachten, das man um
seines Balges,  Fleisches  und Fettes willen fängt
und schießt.

⸺⸺✦⸺⸺

## 13. Der Jgel *).

Der Unterschied,  den man zwischen Hunde=
und Schweineigeln bemerkt haben will, liegt eben=
falls wie berm Dachse in der Einbildungskraft. Nur
in manchen Gegenden, wo man ihm noch den künst=
lichen Diebstahl aufbürdet, daß er die Weintrauben
ab=

---

*) Erinaceus europaeus. Lin.

abreiße, die Beeren zerstreue, und sich mit seinem
Rücken so lange auf denselben herumwälze, bis sie
an den Stacheln hängen blieben, und so beladen
in seine Wohnung eile, wird er noch als Raubthier
verfolgt und getödet. Man thut aber daran Unrecht,
denn er ist in der Haushaltung der Natur ein sehr
nützliches Thier, und ein natürlicher und bestimm=
ter Feind der Feldmäuse. Dieß wissen die Land=
leute sehr wohl, die ihn in ihre Scheunen tragen,
und mit Milch tränken, damit er ihnen die Mäuse
wegfangen möge. Außerdem ist auch sein Fleisch,
das nur das Vorurtheil von den guten und wohl=
schmeckenden Speisen ausgesondert hat, und vorzüg=
lich sein medicinisches Fett sehr gut zu gebrauchen.

## 14. Der Maulwurf *).

Seine Vertilgung liegt nicht sowohl dem Jä=
ger als dem Oekonomen ob, und dieß mit Recht;
denn ich kenne wenig Thiere, die in Waldungen
so nützlich sind, wie der Maulwurf, wenn das Holz
erst eine gewisse Höhe erreicht hat, und vor dieser

Zeit

*) Talpa europaea. Lin.

C

Zeit iſt auch ſein Schade unbeträchtlich, da er wes
der Saamen noch Wurzeln frißt, ſondern nur durch
ſein Wühlen den jungen Pflänzchen, die aber ohnes
hin immer dicht genug ſtehen, einigen Abbruch thut.
Wer macht denn ſonſt den zuweilen zu einem
Scheuntenne, beſonders durch die Nadeln und das
Laub undurchdringlich gewordenen Boden locker,
und zur Aufnahme der Feuchtigkeit empfänglich, als
dieſe unterirdiſche Säugethiere? Von Waldwies
ſen ſie abzuhalten; darzu muß der Jäger, ſo wie
der Oekonom, unter den vielen Mitteln die ſchick=
lichſten wählen, und dieſe ſind, das Töpfengraben,
das Aushauen bey ihrem Wühlen, und vorzüglich
folgendes ſehr bewährtes. Ich habe es der Gütig=
keit des Herrn Hofgärtner Grafs zu Reinhardsbrunn
zu verdanken, welcher dadurch die weitläuftigen
Wieſen und Gärten, die bey dieſem Gothaiſchen
Luſtſchloſſe ſind, von dieſen unangenehmen Gäſten
befreyt hat. Es ſcheint von einem ähnlichen Mit=
tel, womit man die Hausmäuſe vertilgt, hergeleitet
und nicht ganz neu zu ſeyn. Das Verfahren dabey
iſt übrigens gewiß neu und einer allgemeinen Em=
pfehlung werth. Hier iſt es. Man nimmt ge=
brannte Lederkalchſteine, legt ſie an die Luft und
Sonne, und läßt ſie da, vor Feuchtigkeit bewahret,
in Mehl zerfallen und ſich auflöſen. Wenn man

　　　　　　　　　　　　　　　　　　　　dann

dann die Maulwurfshügel auf den Wiesen und in
Gärten zerstreut hat; so bemerkt man diejenigen
Löcher, aus welchen die Maulwürfe am ersten wieder aufstoßen, scharrt sie auf und thut einen Löffel
voll dieses klaren Kalchs hinein und tritt sie hierauf
wieder fest zu, damit die Nässe den Kalch nicht so
gleich anfeuchte. Sobald der Maulwurf hier wieder
aufwühlen will, so kömmt ihm dieser Kalch vermuthlich in die Nase oder den Hals, und er stirbt
nach und nach an der Auszehrung. Nach vier bis
sechs Wochen bemerkt man gewöhnlich in denjenigen Gegenden, wo man dieß Mittel auf die rechte
Art angewendet hat, keinen Maulwurf mehr. Man
findet sogar welche, die sich aus ihren Löchern, vielleicht vor Schmerz gedrungen, herausbegeben haben und todt da liegen *).

C 2

*) Man erlaube mir hier noch zum Schluß der Mu-
sterung der Raubthiere folgende Anmerkung und
unvorgreiflichen Vorschlag. Da sich aus dem Ver-
folg dieser Abhandlung ergeben wird, daß ich viele
Thiere für unschädlich halte, die der Jäger als
schädlich tödtet, und dafür Schießgeld erhält; so
glaube ich, könnte er dadurch in etwas entschädigt
werden, wenn man ihm für die Erlegung eines ent-
laufnen tollen Hundes, der doch gewiß eines der
gefährlichsten und schädlichsten Thiere ist, ein sehr
beträchtliches Schießgeld gewährte. Wer es fühlt,
wie

wie wichtig eine solche Dienstleistuug ist, der wird
gewiß mit mir hierüber einverstanden seyn. Es
wäre alsdann nöthig, daß dem nächsten Jäger allzeit
angezeigt würde, wenn und wo man ein solches
Thier bemerkt habe. Gewöhnlich kann man sich ja
eines tollen Hundes nicht anders entledigen, als
durch Schießgewehr — und wer versteht denn damit besser umzugehen, als der Jäger? und wer darf
denn damit umgehen?

# III. Nagethiere.

———•◦••◦•———

Gewöhnlich ist die Verminderung der schädlichen Thiere dieser Ordnung, ein einziges etwa ausgenommen, kein Vorwurf der Jägerpflichten. Doch haben die mehresten einen so schädlichen Einfluß auf die Forstcultur, daß man mit Recht von ihnen verlangen kann, daß sie ihr Augenmerk so gut auf sie, wie auf die Raubthiere, richten. Worin liegt der Grund, daß so oftmals die größten und schönsten Saamenanpflanzungen mißrathen? worin anders, als daß die Sämereyen eine Kost der verschiedenen Mäusearten geworden sind. Muß es daher nicht eines jeden rechtschaffenen Jägers Pflicht seyn, für die Vertilgung dieser schädlichen Thierarten und wenn auch nicht unmittelbar, doch mittelbar zu sorgen. Solche für die Forste schädliche Mäusearten sind folgende:

## 1. Die Wafferratte, (der Erdwolf, die große Reitmaus *).

Sie bewohnt sowohl die gebirgigsten als ebensten Waldungen, lebt sowohl in und neben dem Wasser, als auch da, wo sie nie Wasser zu sehen bekommt. An Größe gleicht sie fast einer Hausratte, und man erkennt sie an dem kurzen haarigen Schwanze, dem dicken Kopfe und Körper. Die Farbe des dichten Balges ist braungrau.

Diese Thiere verheeren die neuen Anpflanzungen, indem sie die Wurzeln der zarten Gewächse abnagen und unterhöhlen, und den ausgeseeten Birken= Buchen= Eichen= Fichten= Tannen= und Kiefernsaamen ausscharren und verzehren. An größern Bäumen umwühlen sie, wo sie in Menge wohnen, die Wurzeln cirkelförmig, und scheelen sie, daß sie verdorren müssen. Auch in Baumschulen fressen sie die zarten Wurzeln ab.

2. Die

---

*) Mus amphibius. f. terreſtris Lin.

2. Die kleine Feldmaus, (kleine Reitmaus*).

Sie sieht der vorigen fast gänzlich gleich, nur ist sie viermal kleiner, kaum so groß, als eine Hausmaus.

Ihr Schaden ist auch unbeträchtlicher. In Laubhölzern nährt sie sich von Kernen und Sämereyen aller Art, thut daher aber auch der Holzsaat Abbruch. Dem Landmann ist sie weit nachtheiliger, indem sie ihm, wenn ihrer Vermehrung nicht Gränzen gesetzt sind, die grüne Saat im Winter ganz abfrißt, und oft Mißwachs verursacht.

3. Die große Feldmaus (Waldmaus **).

Sie ist etwas größer, als die Hausmaus, sonst ihr an Gestalt ähnlich, auf dem Rücken gelbbräunlich, und am Bauche weiß. Ein schön gezeichnetes Thierchen!

Ihren Aufenthalt schlagen diese Mäuse so gut im Felde wie im Walde auf. Hier nähren sie sich

C 4 von

*) Mus arvalis f. gregarius. Lin.
**) Mus fylvaticus. Lin.

von Fichten = Kiefern = und Tannenſaamen, von
Eicheln, Buchecern, Haſelnüſſen, allerhand Bee=
ren, Beerkernen, Baumſáámereyen, und von den
Schaalen der jungen Bäume und Baumwurzeln.
Bey lange und hochliegendem Schnee nagen ſie die
Schaalen der jungen Buchen von der Erde an, ſo
hoch als der Schnee liegt, ab. Auch den Vogel=
heerden und Schneußen werden ſie nachtheilig. Sie
erſteigen die Beerreiſſer und wenn ſie noch ſo glatt
ſind, und freſſen die Vogelbeeren ab. Wenn ſie
einmal einen Schneußgang wiſſen, ſo kann man nicht
genug vorbeeren. Sie fangen ſich zuweilen hier=
bey in den aufgeſtellten Schlingen, beißen aber all=
zeit, wenn ſie ſich nicht erdroſſeln, die Vogelbänder
entzwey und laufen wieder davon.

## 4. Die Brandmaus (Erbsmaus *)

hat faſt wieder Größe und Geſtalt der vor=
hergehenden, und nur die kürzern abgerundeten
Ohren und der ſchwarze Streifen, der längs dem
Rücken über den rothbraunen Balg läuft, unter=
ſcheidet ſie von derſelben.

Sie

*) Mus agrarius. Lin.

Sie bewohnt die Laubhölzer, ist aber bey weitem nicht so häufig, wie die vorhergehende. Für die Baumschulen und die Aussaat der Bucheckern wird sie besonders nachtheilig. Eine einzige Familie ist im Stande, in etlichen Wochen eine kleine Aussaat gänzlich zu vernichten.

———•◦•◦•◦•———

Ich kenne das Mittel sehr wohl, durch welches gewöhnlich der Forstmann dem Schaden, den er von alle diesen Mäusearten befürchten muß, auszuweichen sucht, nämlich eine doppelte, ja wohl drey- und vierfache Aussaat. Allein dieß ist doch allerdings gegen ein edles und gutes Benehmen in der Forstwirthschafft. Können nicht mit diesem überflüßig ausgesäeten und ohnehin theuern und kostbaren Saamen zwey bis vier leere Plätze angebaut werden, die man hier den Mäusen, oder wenn diese auch nicht alles verzehren sollten, alsdann aufgekeimt der Erstickung Preiß giebt?

Ich will, außer der Schonung der Eulen und anderer von der Natur zur Vertilgung der überflüßigen Mäuse bestimmten Thiere, hier ein erprobtes Mittel angeben, dessen Anwendung jene Verschwendung gewiß unnöthig machen wird. Man kocht

C 5 Eichen-

Eichenholzasche zu einer guten Lauge. Wenn sich die Asche zu Boden gesetzt hat, so schüttet man die Lauge ab, und weicht darein Roggen, Waizen, Gerste oder Holzsämereyen vier und zwanzig Stunden lang ein. Sobald als man alsdann in einer Anpflanzung Mäuse bemerkt, welches ihre Löcher verrathen, so streut man die so gebaizten Früchte in und neben dieselben.

Jede Obrigkeit wird eine solche vortheilhafte Holzaussaat ohnehin aus eigenem Interesse zu belohnen wissen.

## 4. Der Siebenschläfer (Billich, Schlafratz, Waldratz *)

gehört, so wie die beyden folgenden Arten, zu den Mäusen, die dickbehaarten Schwänze, und die merkwürdige Eigenschafft mit dem Hamster gemein haben, daß sie den ganzen Winter hindurch in einer Erd- oder Baumhöhle erstarrt liegen und schlafen. Er ist halb so groß wie ein Eichhorn, oben aschgrau und unten weiß. Sein Aufenthalt sind die Buch- und Eichwälder, vorzüglich des südlichen Deutschlands. Als Nahrungsmittel sucht er Buch-

eckern,

*) Mus Glis.

ckern, Haselnüsse, Kastanien, Beeren und andere
wilde Früchte auf, und seine Vermehrung richtet
sich mehrentheils nach der Fruchtbarkeit der Rothbuchen. Der Mensch würde zu eigennützig denken, wenn er diesem Thiere nicht alle diese Nahrungsmittel, die im Ganzen — der Jäger mag
auch sagen was er will — der Mastnutzung
wenig oder gar nichts schaden, gönnen wollte. Nur
alsdann, wenn sie ihm seine Schneuß ruiniren,
darf er sie fangen, alsdann aber (im Herbst) sind
sie auch nicht allein ein sehr schmackhaftes Gericht,
sondern ihr Balg ist auch brauchbar. Dieß sind
nämlich die Siebenschläfer (Glis) der Römer, die
sie in eigenen Behältnissen als eine Delikatesse mä-
steten. In Unterkrain, bey Lichtenwald, so wie
überhaupt im Oesterreichischen, giebt es diese Thiere, wenn die Bucheckern gerathen, in großer Menge, und die Einwohner fangen sie in der Mitte
des Octobers, oder so bald es kalt wird, und sie sich
ihren Winterschlaf überlassen müssen, vor ihren bekannten Erdlöchern in besondern hölzernen Schnellfallen.
Mancher Landmann fängt 400 Stück, genießt das
Fleisch und das Fett, mit welchem sie zu dieser Jahs-
zeit ganz überzogen sind, und das besser als Butter
schmeckt, und verkauft den Balg an die Kirschner,

die

die ihn mit Kalch schwarzfleckig baizen, und zu ei=
nem brauchbaren Pelzwerke machen.

## 5. Die große Haselmaus *).

Sie hat die Größe einer mittelmäßigen Haus=
ratte, ist oben asch= oder braungrau, unten weiß,
und durch die Augen läuft ein schwarzer Streifen.

In mittlern und nördlichen Deutschland ha=
ben wir nicht Ursache, auf ihre Verminderung zu
denken, weil theils ihre Vermehrung nicht stark ist,
theils ihre Nahrungsmittel bloß in Haselnüssen,
Bucheckern, Tann= und Fichtensaamen, Beeren
und Beerkernen besteht. Demjenigen, welchen sie
in der Schneuß die Beeren abfressen, ist es also nur
erlaubt, sich dieser Feinde zu entlebigen, und da, wo sie
nach den Pfirschen= Aprikosen= und Wallnußkernen
gehen, wird man sich ihrer leicht erwehren können.
In südlichern Gegenden, wo ihre Vermehrung stär=
ker ist, und wo sie auch den Gartenfrüchten mehr
als bey uns nachstellen, mag man sie auch mit mehr
Recht verfolgen.

6. Die

*) Mus quercinus. Lin.

## 6. Die kleine Haselmaus *).

Nur grausame Jäger töden dieß schöne muntere Thierchen, das an Artigkeit, Poßierlichkeit und Schnelligkeit das Eichhorn weit übertrifft. Es wird kaum etwas größer, als die Hausmaus, und hat einen rothgelben Körper und eine weißliche Kehle.

Man verwechsele es nicht mit der schädlichen großen Feldmaus, der es in der Farbe, wenn man nicht auf den haarigen Schwanz sieht, gleich kömmt. Es wird nicht einmal, wie die beyden vorhergehenden Mäuse, in der Schneuß schädlich. Ich rufe daher nochmals Pardon! aus für dieses niedliche unschädliche Thierchen.

## 7. Das gemeine Eichhorn**).

Die Regel, welche Natur, Vernunft und Erfahrung dem Jäger im Verhalten gegen dieses Thier

vor:

*) Mus avellanarius. Lin.
**) Sciurus vulgaris. Lin.

vorschreibt, ist diese: Gönne ihm seine Lebens=
genuß, so lange du es einzeln in deinem For=
ste siehst; seße aber seiner zu großen Ver=
mehrung Grähßen. ¹ Das Barometer, nach wel=
chem sich der Jäger sicher richten kann, ist dieß. So=
bald ein gutes Saamenjahr eintritt, es mag in Fich=
ten oder Buchen bestehen, sobald nimmt die Ver=
mehrung dieser Thiere so überhand, daß der Jäger
auf ihre Vertilgung denken muß. Im Herbst näh=
ren sie sich alsdann von diesen Schmerepen, welche
man ihnen wohl gönnen kann — sie sind auch als=
dann fett und zu genießen *) (wie man in vielen
Gegenden Deutschlands weiß, und in Thüringen,
aus einem unnatürlichen Ekel noch nicht wissen will)
und ihr Balg ist brauchbar. Schießt man sie also jetzt,
so werden sie vom Obst, und im Spätwinter und Früh=
jahr vom Abbeißen der Spitzen der Tannen= und Fich=
tenzweige, vom Abnagen der Knospen an den Laub=
bäumen, und vom Ausscharren der Eichel= Roth=
und Weißbuchensaat abgehalten; es wird also dadurch
sehr großer Nachtheil für die Forste verhütet.

8. Der

*) Wenn sie viel Schwarzholzsaamen genossen haben,
  so schmecken sie etwas ohlig; welches ihm dadurch
  genommen wird, daß man sie, ehe sie gebraten wer=
  den, vorher in Wasser aufwallen läßt.

## 8. Der Hase *)

Wer wollte die Ausrottung dieses in so vielen
Betracht nützlichen Thieres anrathen? Aber bil=
lig müssen auch hier seiner zu großen Vermehrung,
d. i. beym Jäger seiner mehrjährigen Hegung,
Gränzen gesetzt werden. Wenn er daher nur ein=
zeln der jungen Saat, dem reifen Getraide, den
Kohlfeldern, den jungen Obst= und Waldbäumen,
deren Schaale er im Winter abnagt, nicht sonder=
lich schadet; so thut er es doch in Menge gar sehr.
Man kann freylich dem Landmann und Gärtner
allerhand Mittel vorschlagen, woburch sich diese un=
gebetenen Gäste abweisen lassen; allein er ver=
weist sie dadurch nicht, sondern weist sie nur
seinem Nachbar zu. Und dieß ist wieder nicht
recht. Der Jäger kann diesem Uebel dadurch vor=
beugen, wenn er, wie gesagt, keine Hasengehege
hält.

## 9. Das wilde Kaninchen **).

Nur da, wo sein Wirkungskreis die Felder
nicht erreicht, ist es ein unschädliches Thier, und
wird

*) Lepus timidus. Lin.
**) Lepus Cuniculus ferus. Lin.

wird bloß alsdann, wenn man es verspeisen will, vom Jäger geschossen. In fruchtbaren Feldern aber wird es oft durch sein Wühlen und Aufsuchen seiner Nahrungsmittel, die es gern in aufgegrabenen Rüben und grüner und reifer Saat nimmt, für den Bauer eine Landplage, und muß billig vom Jäger in die Wälder verwiesen werden.

---

IV. Wie-

## IV. Wiederkäuende Thiere *).

### 1. Der Hirsch **).

Von ihm gilt fast alles, was ich vom Hasen ge=
sagt habe. Hegt man ihn in uneingezäunten Ge=
genden, wo er den fruchtbaren Feldern nahe ist,
so beschwert sich der Landmann mit Recht über
Bedrückung, besonders wenn man ihm, wie es
in manchen Gegenden noch üblich ist, Wildzäune
um seine Aecker und Wiesen zu ziehen, verbietet. In
tiefen Wäldern hingegen kann dieß schöne und nütz=
liche Thier — die größte Zierde der Wälder! — auch
die Hegung vertragen, und verhungert nicht, wenn
es im Winter seine Heufütterung erhält. In har=
ten Wintern muß sie der Jäger durch Verscheuchungs=
mittel von dem jungen Holzanfluge, besonders der
Tannen, Birken und Rothbuchen abzuhalten su=
chen. Sie beißen auch zuweilen die ein und zwey=
jährigen Pflanzen von der Erde weg, wie wenn sie
mit dem schärfsten Messer abgeschnitten wären.

Hin=

*) Pecora.
**) Cervus Elephas. Lin.

D

Hinlängliches Winterfutter sichert auch gewöhnlich vor beyderley Schaden.

## 2. Der Damhirsch (Tannenhirsch*).

Von ihm gilt eben das, was ich vom gemei= nen Hirsch gesagt habe.

## 3. Das Reh**).

Dieses leckere Rothwild bringt bey zu starker Hegung und Vermehrung den Waldeinwohnern im Sommer auf ihren Hafer = Erbsen= und Linsen= äckern, besonders aber in ihren Gemüsgärten, und im Winter durch das Benagen der jungen Obstbäu= me, beträchtlichen Nachtheil. In tiefen Waldun= gen nährt es sich im Frühjahr von den Knospen der jungen Bäume und Sträucher. Nach diesen Gründen der Schädlichkeit, die bloß auf dem Auf= enthalte dieser Thiere beruhen, muß der Jäger sei= ne Maasregeln für die Verweisung und Vermin= derung derselben nehmen.

4. Die

**) Cervus Dama. Lin.
*) Cervus Capreolus. Lin.

4. Die Gemſe*).

Ein durchaus unſchädliches Thier, das daher in dieſer Rückſicht ſowohl als deßwegen eine allgemeine Schonung verdient, weil es die Leckerhaftigkeit und ein unedles Intereſſe der Menſchen faſt gänzlich aus der Reihe der Geſchöpfe Gottes vertilgt hat. Könnte doch mein Ruf bis hin in die Apenniniſchen, Schweizeriſchen und Pyrenäiſchen Alpen dringen, und bey den grauſamen Alpenjägern Gnade für dieſe Thiere erflehen!

5. Der Steinbock **).

Sie ſind noch ſeltner, als die Gemſe. Aus den Subalpiniſchen Gebirgen, ihrem angemeſſenſten Aufenthalte, mußten ſie der Bevölkerung und Verfolgung der Menſchen auf die Felſen der höchſten Alpenſpitzen weichen. Hier leiden ſie Mangel an Nahrung, große Kälte und Nachſtellungen von

D 2 großen

*) Antilope Rupicapra. Lin.
**) Capra Ibex. Lin.

großen Raubvögeln, Blendung von dem scharfstrah-
lenden Schnee — und noch überdieß halsbrechen-
de Verfolgung von gierigen Alpenjägern. — Ver-
möchte doch mein Zuruf ihnen wieder einen friedli-
chern Wohnplatz zu verschaffen. Der weise Erz-
bischoff von Salzburg unterhält in seinem, eine
Stunde weit von Salzburg gelegenen, Garten Hell-
bron eine Heerde Steinböcke, um sie ihrer immer
zunehmenden Seltenheit wegen in den Gebirgen
des Landes hier nachzuziehen.

V. Thie-

V. Thiere mit einem Pferdegebiß *).

—●—

## Das wilde Schwein **),

Das bey den Jägern den Namen Schwarzwild-
pret hat. Es wird gehegt für den Landmann weit
nachtheiliger, als das Rothwildpret, indem es nicht
bloß auf Aeckern und Wiesen seiner Nahrung nachgeht, sondern nachwühlt. Ich habe Gegenden gesehen, wo die für den armen Waldbewohner so nöthigen Wiesen von seinem Wühlen fast in gepflügte
Aecker verwandelt waren. Warum verweist man
denn diese Thiere nicht in die tiefen Buchenwälder,
wo selbst ihre Hegung keinen Nachtheil bringen
kann, wenn man sie von jungen Schlägen abzuhalten sucht, und ihnen im Winter, wenn es nöthig
ist, die nothdürftigste Aesung reicht.

—●●—

Von

*) Belluae.
**) Sus Scrofa Aper. Lin.

Von den nóch fehlenden zwey Ordnungen der Säugethiere, der Thiere ohne Schneidezähne \*) und der säugenden Seethiere \*\*) sind die erstern ausländische, nicht einmal Europäische Thiere, und die andern solche, deren Beherrschung nicht den Jägern, sondern den Fischern zuerkannt ist.

\*) Bruta.

\*\*) Cetacea

**Vögel.**

# Vögel.

## I. Raubvögel.

### 1. Der gemeine Geyer (große, braune Geyer *).

Er ist fast größer, wenigstens stärker, als der Gold-
adler, hat einen kahlen, bläulichen Nacken, eine
dunkelbraune Farbe und die Wolle am Halse bildet
vorne nach der Brust zu einen herzförmigen Hals-
kragen.

D 4 Seine

---

*) Vultur cinereus. Lin.

Die Geyer unterscheiden sich dadurch vorzüglich
von den Adlern, daß ihr Schnabel grade, und nur
an der Spitze haakenförmig gebogen ist, da er hingegen bey diesen sich gleich von der Wurzel an all-
mählig zu krümmen anfängt. Dieß für diejenigen
unter meinen Lesern, die beyde Vögelgattungen
noch nicht gehörig und genau zu unterscheiden wissen.

Seine eigentliche Heymath find die hohen gebirgigen Waldungen von Europa, von wannen er
nur in strengen Wintern herab in die Ebenen
kömmt. Der Jäger erlegt oder fängt ihn alsdann
gegen ein gutes Schießgeld, indem er Rehe, Hasen,
Ziegen, Schafe u. d. gl. anfällt. Man hat Beyspiele, daß er auf die Bauernhöfe geflogen ist, und
die Schafe vor den Augen des Schäfers weggetra-
gen hat. Er ist nicht so scheu, wie die andern
Raubvögel, und macht daher dem Jäger nicht viel
Mühe.

### 3. Der Bartgeyer (Lämmergeyer *).

Er hält sich auf den Tyroler- und Schweizeral-
pen auf, ist der größte Europäische Vogel, und die
Furcht und das Schrecken der Alpenbewohner. Man
erkennt ihn an dem langen borstenartigen schwarzen
Baart, womit sein Kinn besetzt ist.

Die Gouverneurs in der Schweiz theilen denjenigen ansehnliche Belohnungen mit, die solche Vögel töden, denn sie fallen nicht nur die Schaf- und
Ziegenheerden, sondern auch selbst kleine Kinder an.
Das

*) Vultur barbatus. Lin.

Daher es bey den Alpenhirten Gebrauch ist, ihre Kinder auf der Weide an die Bäume zu binden. Egypten ist ihnen ein angemesseneres Vaterland, wo sie, in Gesellschaft noch anderer Raubvögel, die fleischigten Ueberbleibsel des ausgetretenen Nils verzehren, können, die wir ihnen denn mit den Egyptern gar gerne gönnen wollen.

## 3. Der Hasengeyer *).

Ein röthlichschwarzer Geyer mit nackten Beinen und wolligem Kopfe, von der Größe des gemeinen Adlers, der sich in den großen Europäischen Waldungen z. B. Pohlens aufhält. Da er auf Hirsch- und Rehkälber, Hasen und Kaninchen stößt, so wird er in kultivirten Gegenden, so bald er jene Gränzen überflogen hat, und nach Deutschland kömmt, wie billig, verfolgt.

—————

## 4. Der Goldadler **).

Dieser grausame König der Vögel, darf seine Herrschaft nicht über die Gränzen der tiefen und

D 5        hohen

*) Vultur criſtatus. Lin.
**) Falco Chryſaëtos. Lin.

hohen Gebirge und Waldungen hinauserstrecken wollen, sonst kündigt ihm der Jäger mit Recht den Krieg an; denn er schmälert alsdann nicht nur die Wildbahn, sondern auch die Trifften, und pflegt alles junge Rothwild, Hasen, Wald- und Feldhühner, Schafe, Gänse und anderes Hofgeflügel anzufallen.

Man unterscheidet ihn von den andern Adlerarten nicht nur durch seine vorzüglichere Größe, sondern auch durch die am Hinterkopfe etwas in die Höhe gerichteten Federn, die bis auf die Zehen mit Federn bekleideten Füße, und durch den dunkelbraunen, rostfarbigen, einzeln weiß gefleckten Körper, der wie mit einem Goldlack überzogen ist.

Er kömmt nur im Winter von den höchsten südlichen und nördlichen Alpen zu uns ins mittlere Deutschland, und der Jäger, der ihn auf seinem Reviere bemerkt, kann ihn am gewissensten in seine Gewalt bekommen, wenn er Fuchseisen mit frischem Fleisch belegt.

5. Der

5. Der gemeine Adler (Stock- oder Steinadler*).

Er ist um ein merkliches kleiner, als der Gold-
adler, hat ein dunkelbraunes Gefieder, befiederte
Füße, einen platten Kopf und kurzen, graden, von
der Wurzel an halbweißen Schwanz **).

Seinen Aufenthalt hat er in den tiefen ein-
samen Waldungen; er kommt aber auch im Sommer und Winter in bewohnten Gegenden, sucht
seine Nahrung in Füllen, Schafen, Kälbern, Hasen u. s. w. und wird daher nicht nur der Wildbahn, sondern auch der Oekonomie äußerst gefähr-
lich. Man will einmal in einem Adlerhorste 300
Enten- und 40 Hasengerippe gefunden haben. Im
Jahr 1737 holte er auch im Kirchsprengel Nor-
derhough bey Ringerige ein nacktendes zweyjähri-
ges Bauernkind, das auf den Raßen kroch, vor
dem Angesichte der Eltern weg.

Aus

*) Falco Aquila. (Falco melanoëtos et fulvus. Lin.).

**) Die Jäger verwechseln diesen und den folgenden
immer mit einander.

Aus dem allen ergiebt sich, daß seine Triebe in kultivirten Gegenden, ohne unsern großen Nachtheil, nicht können befriedigt werden. Der Jäger verdient daher durch seine Vertilgung der größten Billigkeit gemäß ein vorzüglich gutes Schießgeld.

Da er es sich auch zuweilen einfallen läßt, in die Wälder der ebensten Gegenden seinen Horst zu bauen, und alsdann in solchen Gegenden ungemein schädlich wird; so ist es doppelte Pflicht für den Jäger, bey der geringsten Vermuthung, diese Schlachtbank von allerhand nützlichen Thieren auszuspüren, die Jungen auszunehmen und die Alten auf dem Neste zu fangen oder mit Gewehr zu erlegen.

## 6) Der Seeadler *),

auch Beinbrecher, und in Thüringen von den Jägern, wie der vorhergehende, Steinadler genannt. Er unterscheidet sich aber von demselben nicht nur dadurch, daß er etwas größer, sondern auch dadurch, daß seine Farbe röthlich und dunkelbraun gewölkt ist, die Schwanzfedern auf der in-
n.                                                                            wen

*) Falco ossifragus. Lin.

wendigen Fahne weißlich und die Füße nur bis zur
Hälfte federig sind.

Er bewohnt eigentlich die hohen nördlichen
Gebirge von Europa, kommt aber im Winter eben
so oft, ja noch öfterer als der gemeine Adler, nach
Deutschland, wenigstens nach Thüringen, und fällt
da Rehe, Lämmer, junge Ziegen, Hasen, Gänse,
große Fische u. d. g. an. Ja im August des Jahrs
1791 las man sogar in den Zeitungen, daß bey
Clomeny, welches auf einer Erdzunge in Irrland
liegt, ein solcher Adler ein vierjähriges Kind, das
mit andern vor der Hütte spielte, ergriff, und
es seinen beyden Jungen, die in dem Ritzen eines
schroffen Felsen saßen, brachte. Der unglückliche
Vater ließ sich sogleich, als er es gewahr wurde,
an einem Seil zu dem Neste herab, die jungen
Seeadler aber hatten dem Kinde schon die Augen
ausgehackt, und es so zugerichtet, daß es nach dreyen
Stunden starb. Ein solcher Missethäter gehört in
Gegenden, wo er der menschlichen Gesellschaft nicht
so schädlich werden kann.

7. Der

**7.** Der Fischadler (weißschwänzige Adler *)

hat mit dem vorhergehenden gleiche Größe, und wird dadurch sehr kenntlich, daß Kopf, Hals und Schwanz weiß sind. Uebrigens ist er dunkelbraun.

Er liebt die gebirgten Waldungen der kältern Himmelsstriche, und nährt sich daselbst vorzüglich vom Robben- und Fischfang. Wenn er im Winter zu uns kommt, so geht er junge Hirsche, Dammhirsche und Rehe an, und wird gewöhnlich beym frischen Aas in Fuchseisen gefangen. Seine Raubbegierde kann also nicht mit dem Interesse des kultivirten Menschen bestehen.

**8.** Der Schreyer (Entenstößer **)

Ein kleiner Adler von 2 1/2 Fuß (Pariser Maas) Länge. Der Körper ist rostbraun, auf den Oberflügeln weiß gefleckt, und die Füße sind bis auf die Zehen befiedert.

Er

*) Falco albicilla. Lin.
**) Falco naevius. Lin.

Er ist in bewohnten Gegenden sehr einzeln, und wird in Deutschland, bloß in Schlesien, und Oesterreich angetroffen. Seine vorzügliche Nahrung besteht in großen und kleinen Feldmäusen, in Enten und Tauben. Er gehört also unter die zugleich nützlichen und schädlichen Raubvögel, und verdient daher wenigstens nur da einer besondern Verminderung, wo ihm die Enten und Tauben besser schmecken, als Feldmäuse. Denn wirklich gewöhnen sich auch die Raubthiere und Raubvögel so an kostbaren Speisen, daß ihnen die schlechtern endlich nicht mehr schmecken wollen.

### 4. Der Fischaar (Balbusard, Fischadler *).

Er ist etwas größer, als der vorhergehende Vogel. Der Kopf und Unterleib haben eine weiße und der Rücken eine dunkelbraune Farbe, und die Füße sind nur bis unter die Kniee befiedert.

In bewohnten Gegenden bekömmt er keinen Pardon; denn er nährt sich bloß von Fischen, besonders Karpfen und Forellen. Ich weiß, daß

vor

*) Falco Haliaetus. Lin.

vor dem Thüringerwalde, wo er eben nicht selten
ist, ein einziges Paar verschiedene Forellenbäche in
einem Sommer gänzlich ausgeleeret hat. Wer sollte ihm aber in dem wüsten Sibirien, wo er sehr
häufig angetroffen wird, sein Leben nicht gönnen?

### 10. Der rauhbeinige Falke*).

Er ist etwas kleiner, als der Fischaar, am
Oberleibe dunkelbraun und weiß gefleckt, hat bis
auf die Zehen befiederte Füße, und einen weißen
Schwanz, der gegen die Spitze zu schwarz wird.

So lange er in Waldungen sich aufhält,
nährt er sich von Mäusen und kleinen Vögeln,
und wird also unschädlich; im Herbst aber begiebt
er sich oft in Menge in die großen Ebenen, und
stellt den Hasen, Rebhühnern, Tauben, Lerchen re.
nach. Der Jäger denket alsdann, wie billig, auf
seine Verminderung.

11. Der

*) Falco lagopus. Lin.

## 11. Der Buſſard (Mäuſefalke *).

Wer kennt den trägen, oben aſchgrauen, unten weiß und dunkelbraun geſprenkelten und gewellten Raubvogel nicht, der ohngefähr die Größe eines Kolkraben hat, und immer auf den Feldbäumen zuſammengedrückt ſitzt und auf Maulwürfe, Mäuſe, Schlangen, Eydechſen, Fröſchen, Heuſchrecken u. ſ. w. lauert? Freylich wird ihm auch zuweilen ein junger Haſe zu Theil. Allein, wer will ihn deßwegen tödten, da er durch ſeine andere Nahrungsmittel in der Oeconomie der Natur ein ungemein nützliches Geſchäfte treibt?

## 12. Die Gabelweyhe (der Gabelgeyer, Weyhe, Hühnergeyer **).

So groß wie der vorhergehende mit einem langen gabelförmigen fuchsrothen Schwanze.

Man darf dieſe Raubvögel nicht gänzlich ausrotten, ſondern nur in der Nähe der Wohnungen

in

*) Falco Buteo. Lin.
**) Falco Milvus. Lin.

zu vermindern ſuchen; denn ihre Raubbegierde iſt für uns, wo nicht nützlicher, doch eben ſo nützlich als ſchädlich. Ihre gewöhnliche Nahrung machen Maulwürfe, Feldmäuſe, Fröſche, Schlangen, Blindſchleichen, Nattern, Eydechſen, Regenwürmer und Schnecken aus. Freylich ſtoßen ſie auch auf junge Gänſe, Enten, Trut- und Haushühner, junge Rebhühner und Lerchen, doch nur im Nothfall und zur Heckzeit.

Man kann den Verſuch machen und wo man ſie herumſchweben ſieht, auf eine eiſerne Vögelmäuſefalle einen Maulwurf und auf die andere einen Vogel binden, und man wird finden, daß ſie allezeit nach den Maulwurf ſtoßen und ſich fangen, und nie nach dem Vogel fliegen. So fängt man ſie in einigen Gegenden Thüringens auf die leichteſte Art.

### 13. Die Roſtweyhe (Sumpfbuſſard, Brandgeyer *).

Sie iſt etwas kleiner, als die Gabelweyhe, auf dem Kopfe röthlichgelb, auf dem übrigen Oberleibe choco-

*) Falco aeruginoſus. Lin.

chocolatbraun mit rostfarbenen Flecken, und auf den Achseln steht ein gelber Fleck.

Man trifft sie in Feldhölzern und besonders da an, wo Sümpfe und Moräste in der Nähe sind.

Dieser Raubvogel wird schon schädlicher als die Gabelweyhe, denn außer den Schlangen und Fröschen stellt er den Wasserhühnern, Tauchern, Enten und den Fischen nach, und im Winter machen die Feldhühner sein vorzüglichstes Nahrungsmittel aus.

## 14. Die Halbweyhe *).

Männchen und Weibchen hat einen eulenähnlichen Kopf, sind aber sonst in der Farbe gar sehr verschieden **); denn das Männchen ist aschgrau, mit schwarzen Schwungfedern, das Weibchen aber, das, wie fast bey allen Raubvögeln, um einen Drittheil größer ist, hat einen dunkelbraunen und rost-

E 2 fart

*) Falco Pygargus. Lin.

**) Daher sie auch nicht nur von den Jägern, sondern auch von den Naturforschern, bis jetzt noch immer als verschiedene Arten sind getrennt worden.

farben gefleckten Oberleib, und einen gelblichen mit
dunkelbraunen Flecken besetzten Unterleib.

Im Sommer halten sie sich in den Wäldern
auf, und im Herbst und Frühjahr trifft man sie
als gewöhnliche Raubvögel in den Ebenen an, wo
sie immer über der Erde hinschweben. Ich habe ihrer viele geöffnet, und immer nichts als
Maulwürfe und Feldmäuse in ihrem Magen gefunden. Sie gehören also unter die wirklich
nützlichen Raubvögel. Bekannt ist freylich, daß die
Lerchen sich im Herbst sehr vor ihnen fürchten, allein
wer will sie deßwegen ausrotten, weil sie zuweilen
eine Lerche fangen. Sind denn die Lerchen bloß
um unsertwillen da?

## 15. Die schwarze Hühnerweyhe (Mäuscaar *).

Ein in den Ebenen-Gegenden Deutschlands,
besonders Thüringens, sehr gemeiner Vogel von
der Größe einer Rabenkrähe. Er hat gelbe Füße
und Schnabelhaut (Wachshaut), einen schwarzbraunen Oberleib, und der Unterleib ist ebenfalls schwarzbraun, aber mit röthlichweißen Federrändern.

Er

*) Falco ater. Lin.

Brandfalke.                69

Er ſitzt beſtändig im Felde und lauert auf
ſchädliche Hamſter, große und kleine Feldmäuſe und
Heuſchrecken, und muß daher ſorgfältig gehegt werden. Freylich wird ihm auch zuweilen eine junge
Lerche zu Theil. Allein wer will ihn deßwegen verfolgen? Den Alten kann er, ſo wie allen Vögeln,
wenn ſie fliegen, nichts anhaben, da er nur ſitzen-
den Raub fangen kann.

## 16. Der Brandfalke (Brandgeyer, Fiſch-geyer *).

Von der Größe des vorhergehenden. Wachshaut und Füße ſind gelb, die Hauptfarbe roſtroth,
und der Schwanz aſchfarben.

Er iſt ſchon ſelten bey uns; es muß aber auch
ſeiner Vermehrung ſorgfältig geſteuert werden; denn
er hält ſich in niedrigen Orten bey Seen, Teichen
und Flüſſen auf, und lebt bloß von Fiſchen.

E 3                17. Der

*) Falco rufus. Lin.

## 17. Der Hühnerfalke (Hühnerhabicht *).

Er ist nicht häufig, wohnt in gebirgigen Ge=
genden, und gleicht an Größe dem Bussard, daher
ihn auch die Jäger mit jenem gewöhnlich für einer=
ley Vogel halten. Dadurch unterscheidet er sich
aber hinlänglich, daß sein Kopf und Oberhals hell=
rostfarbig, dunkelbraun gewellet, der Rücken und
Steiß dunkelbraun, der Unterleib röthlichweiß mit
eyrunden schwarzen Flecken, und der Schwanz asch=
grauweiß mit vier großen dunkelbraunen Queerbin=
den gezeichnet ist.

Er macht sich auch durch seine Lebensart kennt=
lich, denn er nistet in Felsenhöhlen, da jener seinen
Horst auf Bäumen hat, lebt von nichts als geflü=
gelten Thieren, Feld= und Haushühnern, jungen
Gänsen ꝛc. und verdient daher die Verfolgung des
Jägers, da hingegen jener als ein Vertilger schäd=
licher Mäusearten mit Grund auf seine Schonung
rechnen darf.

## 18. Der Wespenfalke (Bienenfresser *).

Auch dieser Vogel hat in seiner Farbe, seinem
langsamen Fluge sehr viel Aehnlichkeit mit dem Bus=

farb,

*) Falco gallinarius. Lin.
**) Falco apivorus. Lin.

farb, und wird auch oft vom Jäger mit ihm ver=
wechselt. Er ist etwas kleiner, schlanker gebaut,
hat einen langen, fast gar nicht gekrümmten Schna=
bel, kurze, halb befiederte Beine und wenig gekrümm=
te Krallen. Seine Wachshaut ist gelb, schwärz=
lich gerändet, der Körper dunkelbraun, der Schwanz
braun und dunkelbraun gestreift mit einer großen
schwarzen Spitze, die einen weißen Rand hat.

Er kann nichts im Fluge fangen, sitzt daher
beständig auf den Gränzsteinen, Meilenzeigern und
Feldbäumen, und lauert auf Hamster, Maulwürfe,
Feldmäuse, Frösche, Eidechsen und Bruchschlangen.
Dabey wird ihm auch zuweilen ein junger Hase oder
junger Vogel zu Theil. In Ermangelung alles des=
sen liest er die Bienen, Hummeln, Wespen, Fliegen
und Raupen von den Blumen und Kräutern, und
kann, um dieß Geschäffte gehörig zu verrichten, in
Vergleichung mit andern Raubvögeln, sehr schnell
laufen. Ich habe auch allezeit (welches mir noch
bey keinem andern Raubvogel vorgekommen ist) und
zuweilen fast nichts als grüne Kräuter in seinem
Magen gefunden. Aus diesen Nahrungsmitteln
ergiebt sich die überwiegende Nützlichkeit dieses Vo=
gels, und die Billigkeit, daß ihn der Jäger nie zum
Ziel seiner Flinte mache.

19. Der Stockfalke (Tauben - Hühner - Gän-
sehabicht, Stockaar *).

Er hat die Größe eines Haushahns, wohnt
in allen Waldungen und durchstreift die Felder.
Ueber jedes Auge läuft ein weißer Strich, der Oberleib ist tiefbraun, der Unterleib aber schneeweiß mit
einer Menge regelmäßiger dunkelbrauner Querwel-
len, die ihm zu einem schönen Vogel machen.

Ein äußerst raubsüchtiger Vogel, daher er auch
in Orient vorzüglich zur Baize abgerichtet wird.
Es ist derjenige, der vorzüglich im Frühjahr und
Herbst auf seinem Zuge auf die Höfe fliegt, und die
Haushühner vom Miste wegholt. In den Gärten
und Höfen der Walddörfer zielt er immer nach den
Gänsen, Puterhühnern, stößt auf Tauben, Feldhühner und alles nützliche Waldgeflügel. Er ist in
großen Waldgegenden noch ziemlich häufig, nistet
da auf den höchsten Waldbäumen, und der Jäger
hat Ursach ein wachsames Auge auf ihn sowohl, als
auch auf seinen Horst, zu haben. Er verdient gar
keine Schonung, denn wenn man auch zuweilen die
Ueberbleibsel von Feldmäusen oder Eichhörnern in
sei-

*) Falco palumbarius Lin.

feinem Magen findet, so sind doch diese nur Noth-
fraß für ihn.


## 20. Der edle Falke (gemeine Deutsche Falke *).

Dieser ist der vorzüglichste Gegenstand der
Falkenierkunst. Er hat die Größe eines gemeinen
Raben (Kolkraben). Wachshaut und Füße sind
gelb, die Federn am Bauche weiß, an den Hals-
und Brustfedern der Kiel bräunlichschwarz, der Rük-
ken graulichbraun und der Schwanz mit vier bis
fünf graulichschwarzen Bändern besetzt.
Seinen Aufenthalt machen in Deutschland
die ebenen großen Waldungen aus, und es kam
sonst jährlich ein Falkenfänger aus Holland um Bar-
tholomäi nach dem Herzogthum Bremen, der ihrer
viele fieng, und sie theuer nach Frankreich verkauf-
te. Er stößt auf lauter köstliche Bissen, auf junge
Hasen, Kaninchen, Birkhühner, Haselhühner u.
d. g. Wenn er in seiner Nachbarschafft ein Fasan-
gehege entdeckt, so zieht er diesen Raub allen andern vor. Er ist auch so lecker, daß er niemals
Aas angeht, welches doch fast alle andere Raubvö-

E 5 gel

**) Falco gentilis. Lin.

gel thun.  Da, wo ihn also große Herrn nicht zur
Nachzucht für die Falknereyen brauchen, verdient
er in keiner Rücksicht Schonung.

## 21. Der Saferfalke (Stoßfalk, Großfalk *).

Ein ansehnlicher Falke von der Größe eines
Karauns, der bläuliche Wachshaut und Füße, einen
aschgrauen Kopf, braunen Oberleib und weißen
braungefleckten Unterleib hat.

Er bewohnt eigentlich den Norden und kömmt
nur als Zugvogel nach Deutschland.  Der Jäger
darf ihn deßwegen nicht schonen, weil er alle Arten
von Haus= Feld und Waldhühnern, Trappen, Fa=
sanen, Hasen, auch anderes größeres Wildpret aus=
fällt.

## 22. Der Wanderfalke (Bergfalke **).

An Größe gleicht er ohngefähr einer Haus=
henne, und ist der gewöhnlichste Falke in den Deut=
schen gebirgigen Waldungen;  denn wo eine hohe
schroffe Felsenwand in die Luft steigt, wird man
ihn auch sein heiseres Geya! schreyen hören.
                                             Er

*) Falco sacer. Lin.
**) Falco peregrinus. Lin.

Er hat gemeiniglich einen dunkelbraunen Ober=
leib, und einen weißen Unterleib, der oben dunkel=
braune Flecken und unten dergleichen Queerlinien
hat. Doch ändert er in der Farbe, und sein ficher=
ftes Unterscheidungsmerkmal ift ein breiter schwar=
zer Streifen, der vom untern Schnabelwinkel nach
dem Hals herabläuft.

Er ift das Schrecken der Auerhühner, Birk=
hühner, Haselhühner und wilden Tauben, und
greift auf seinen Wanderungen auch nach Fasanen,
Rebhühnern, Wachteln, Drosseln, zahmen Tauben
u. d. g. Wer also auf Feldwildpret hält, muß ihn
aus seinem Reviere zu verbannen suchen.

## 23. Der Blaufuß *).

Die Jäger in Thüringen sprechen viel vom
Blaufuß. Bey genauerer Untersuchung habe ich
aber gefunden, daß sie allemal den Stock= oder Wan=
derfalken meynen, denn unser Blaufuß ift in Deutsch=
land eine große Seltenheit.

Er hat einen schwärzlichen Oberleib mit stern=
förmigen Flecken, und blaue Füße.

Seine

*) Falco ftellaris. Lin.

Seine Raubsucht zielt besonders auf Enten, Fasanen, Rebhühner und Tauben. Wo er daher an diesem Geflügel keinen Schaden thun soll, muß er weggeschossen werden. Er wird durch dieß Eigene noch merkwürdig, daß er nicht wie andere Raubvögel seinen Raub mit dem ersten Schlage wegnimmt, sondern ihn allezeit mit den Krallen vorher dergestalt trifft, daß er zu Boden stürzt, von wannen er ihn dann aufhebt und zerfleischt.

## 24. Der Geyerfalke (Gyr = Gerfalke*).

Ein Falke, wie ein Kapaun groß, der aber nur selten in Deutschland angetroffen wird; denn er ist eigentlich ein Bewohner der nördlichen Zonen. Er wird in der Falkenierkunst unter allen für den edelsten und vorzüglichsten gehalten, weil er sich durch Muth, Schönheit und Größe gar sehr auszeichnet.

Seine Hauptfarbe ist weiß mit dunkelbraunen Flecken, Linien und Streifen schön gezeichnet; Wachshaut und Füße sind bläulich.

Seine Nahrung sucht er im Waldgeflügel, und darnach richtet sich denn auch seine Vermehrung.

25. Der

*) Falco Gyrfalco. Lin.

### 25. Der Thurmfalke (Rittelgeyer *)

ist von der Größe einer Feldtaube, und allents halben, wo alte Schlösser, Ruinen, Felsenwände 2c. sind, anzutreffen.

Auf dem Rücken ist das Männchen purpur roth mit einzelnen schwarzen Flecken und das Weib chen rostroth mit schwarzen Streifen.

Er wird mehr nützlich als schädlich; denn er stößt auf große und kleine Feldmäuse, sucht Käfer und Heuschrecken auf; freylich verfolgt er auch klei ne Singvögel: Lerchen, Finken und ist oft gar so dreist, die Vögel vor den Fenstern aus den Vogel bauern zu holen. Allein ich dächte nicht, daß man ihm deßhalb nachstellen müßte, da doch die Haupt nahrung in schädlichen Thieren besteht, und er oh nehin nicht gar zu häufig angetroffen wird.

### 26. Der gemeine Baumfalke (Lerchenfalke, Weißbäckchen **).

Er ist noch etwas kleiner, als der vorhergehen de, und leicht von andern Raubvögeln zu unterschei den.

*) Falco Tinnunculus. Lin.
**) Falco Subbuteo Lin.

ben. Sein Oberleib ist schwarzblau, das Genicke und die Seiten des Halses sind gelblichweiß, die Schenkel und der After blaßorangengelb, die Brust und der Bauch röthlichweiß mit länglichen dunkelbraunen Flecken.

Seine Heymath sind kleine und große Waldungen, wo er nichts als kleine Vögel und Mäuse verfolgt. Im Herbst zieht er mit der Feldlerchen in wärmere Gegenden, und kommt auch mit ihnen wieder zurück. Er ist ihr Erbfeind. Sie fürchten ihn in der Mauserzeit so sehr, daß sie bey seinem Anblick aus der Luft so geschwind als möglich herabschießen, sich ins Graß oder Gebüsch zu verbergen, und wenn sie keinen andern Schutz sehen, bey Menschen, die in der Nähe sind, Hülfe suchen und ihnen zwischen die Füße fliegen. Der billig denkende Jäger läßt ihm im Sommer seinen Antheil von kleinen Vögeln gern genießen, und sucht nur im Herbst, wenn er ihm beym Lerchenstreichen, wie gewöhnlich, nahe kommt, seiner gar zu großen Vermehrung vorzubeugen.

## 27. Der große Baumfalke *).

Er ist das im Großen, was der gemeine im Kleinen ist. Von weiten sieht er ihm ganz gleich,
doch

*) Falca Subbuteo major. Lin.

doch ist der Kopf und Oberhals schwarzbraun, der
Bauch schmuzigweiß mit einigen dunkelbraunen
Queerlinien und der Schwanz aschgrau mit zwölf
dunkelbraunen Queerbinden.

Ich habe ihn nur in Hessen und Thüringen
angetroffen, und noch in keinem Buche beschrie-
ben gefunden. Er horstet in hohen Schwarzwäldern auf die höchsten Bäume, und jagt nach Wald-
und Feldhühnern, Lerchen, Finken und Hasen; daher
er unter die schädlichen Raubvögel zu zählen ist.

## 28. Der Sperber (Lerchenstößer, Tauben-
stößer *)

Es ist bekannt genug, und bedarf keiner Beschreibung. Wenn man ihm alle seine Nahrungsmittel
die aus kleinen und mittelmäßigen, alten und jungen Wald- und Feldvögeln besteht, anrechnen will,
so thut er freylich nichts als Schaden; doch scheint
es billiger zu seyn, daß man nur die Tauben und
Haushühner dahin zähle. Wenn er im Winter seinen Aufenthalt nahe bey einem Dorfe aufgeschla-
gen hat, so darf man sicher darauf rechnen, daß er
alle Tage in den Mittagsstunden eine Taube holt.

Jn

*) Falco Nisus. Lin.

In der Nähe der Dörfer darf er also auf gar keine Schonung rechnen.

## 29. Der Merlin (Zwergfalke, Schmierlein *).

Die kleinste Falkenart, nicht größer, als ein Krammtsvogel.

Er liegt Sommer und Winter hinter den Hekken und Feldhölzern, und lauert den kleinen Vögeln auf. Man muß daher, um diese nicht zu sehr zu vermindern, seiner Vermehrung Gränzen setzen, und der Jäger muß ihn, so oft er an ihn kommen kann, schießen, welches ohnehin äußerst selten geschieht, so daß er ihn auch bey der sorgfältigsten Anstrengung nicht wird ausrotten können; welches aber auch nicht nöthig ist.

## 30. Der Uhu (Schuhu *).

Unter allen Eulenarten, fast die einzige schädliche, welcher daher mit Recht vom Jäger auf alle
nur

*) Falco Aesalon. Lin.
*) Strix Bubo. Lin.

nur erſinnliche Weiſe nachgeſtellt wird; denn ſie
ſucht junge Haſen, Reh- und Hirſchkälber, Kaninchen, Birk- Auer- Haſel- und Rebhühner, Enten
und andere Vögel des Nachts, wenn ſie ſchlafen,
auf, und fängt und verzehrt ſie. Wenn ſie Junge
hat, und dem Felde nahe wohnt, ſo wird man gewiß alle Tage einen oder zwey junge Haſen und
eben ſo viel Rebhühner im Horſte finden. Freylich
frißt ſie auch Maulwürfe, Wanderratten, Waſſer-
ratten, groſſe und kleine Feldmäuſe, Schlangen ꝛc.
Allein dieß alles iſt für nichts zu rechnen, gegen den großen Schaden, den ſie der Wildbahn bringt. Das Da-
ſeyn dieſer Raubvögel verträgt ſich alſo ſchlechterdings
nicht mit der Kultur der meiſten Gegenden Deutſchlands, und ſie müſſen daher in Wildniſſe weichen, wenn
ſie den gerechten Nachſtellungen des Jägers entge-
hen wollen.

   Alle übrigen Eulen nähren ſich faſt bloß
allein von ſchädlichen Feldmäuſen, und müſſen verſchont, ja gehegt werden, wenn wir
nicht über lang oder kurz uns ſelbſt die Feld-
und Waldmäuſe zur Landplage machen wollen. Sie ſind:

### 31. Die mittlere Ohreule (Horneule *).

Sie hat die Größe einer Rabenkrähe, wenigstens sechs große Ohrenfedern auf dem Kopfe, und der Oberleib ist rostgelb und tiefbraun gefleckt.

Ich habe immer in ihrem Magen fünf bis sechs Gerippe von den, den Gärten, Wiesen und Aeckern so verderblichen, Wasserratten gefunden. Auch ist ihr ausgespiecenes Gewölle immer mit den Flügeldecken der Maikäfer angefüllt. Ein ungemein nützlicher Vogel!

### 32. Die Sumpfeule **).

Sie ist der vorigen an Größe fast gleich, hat aber einen kürzern Federbusch und ist am Oberleibe schön weiß, grau und braun gefleckt und gestreift.

Sie hält sich in sumpfigen Gegenden auf, nistet auch da, und fliegt des Nachts auf die Felder nach Mäusen. Durchaus nützlich.

33. Der

---

*) Strix Otus. Lin.
**) Strix palustris. Lin.

## 23. Die kleine Ohreule (das gehörnte Käuzchen *).

So groß als eine Taube. Die Jäger kennen sie gewöhnlich nicht, weil sie sie mit dem kleinen Kauze verwechseln, und nicht auf die einzelne Ohrfeder merken, die im Tode fest auf dem Kopfe angedrückt liegt.

Ihre Farbe ist am ganzen Leibe ein Gemisch von Grau, Röthlich, Braun und Schwarz, wovon am Oberleibe das Braune und am Unterleibe das Graue die Oberhand hat.

Durch die Vertilgung der Maikäfer, mancher schädlicher Abend- und Nachtschmetterlinge und besonders der Feldmäuse stiften diese Eulchen ungemein viel Nutzen. Man will in einigen Gegenden, z. B. in Frankreich, wo sich diese Mäuse so stark vermehrt hatten, daß sie eine Landplage zu werden droheten, sie schaarenweise herbeyziehen, und so ganze Gegenden in einigen Tagen von diesen Verwüstern gereinigt gesehen haben. Der Landmann liebt sie daher auch an vielen Orten.

F 2               34. Die

*) Strix Scops. Lin.

## 34. Schneeeule (große weiße Eule*).

Sie stellt unter den glattköpfigen Eulen den Uhu vor, sowohl in Rücksicht der Größe, als Raub=sucht. Der Jäger kann sich aber ihrethalben be=ruhigen, da sie nur äußerst selten nach Deutschland kömmt; denn ihre eigentliche Heymath sind die nördlichsten Zonen von Europa, Asien und Amerika. In dem höchsten Norden ist ihr Gefieder schnee=weiß, südlicher aber wird es dunkelbraun gefleckt. Ihre Nahrung besteht vorzüglich in Hasen, Auer= Birk= und Rebhühnern. Sie hat auch die besondere Eigenschafft, daß sie am Tage auf ihren Raub ausfliegt. Schon als eine Seltenheit läßt sie der Jäger, wenn er sie ansichtig wird, wo möglich, nicht entweichen.

## 35. Die Nachteule (gemeine Eule, große Baumeule**)

mit einem ungeheuer großen Kopf, und einem röthlichaschgrauen Oberleib, der mit kleinen unglei=chen,

*) Strix Nyctea. Lin.
**) Strix Aluco. Lin.

chen, dunkelbraunen Queerflecken und langen schwarzen, ungleichen Streifen bezeichnet ist.

Sie wohnt in Wäldern und Gärten, und
fliegt in der Abenddämmerung auf die Maulwurfs-
Feldmäuse und Käferjagd. Im Winter geht sie
sogar in den Scheunen und auf den Böden den
Mäusen nach. Wenn sie alsdann zuweilen in die
Taubenschläge kömmt, und die Tauben verscheucht,
so thut sie es nicht der Tauben halber, sondern um
Mäuse da zu suchen. Man mache die Taubenschläge
zu, so hat man diese Verscheuchung nicht zu befürchten, und lasse diesen nützlichen Vogel leben.

## 36. Die Brandeule (Stockeule*)

ist etwas kleiner, als die vorhergehende, und
am Oberleibe rothbraun und dunkelbraun gefleckt.

Ihr Aufenthalt sind die Schwarzwälder,
welche sie, so wie die angränzenden Felder, von
Mäusen reinigt.

## 37. Die Schleyereule (Kircheule, Perleule**).

Schon ihrer Schönheit halber sollte diese Eule
unsere Schonung verdienen. Ihr Gesicht ist wie

F 3                                        mit

*) Strix stridula. Lin.
**) Strix flammea. Lin.

mit einem weiß und kaffeebraunen Schleyer einge=
faßt, und der Oberleib ist entweder röthlich asch=
grau oder ganz aschgrau, mit schönen weißen und
schwarzen Pünktchen, wie mit Perlen, besetzt. Sie
hat die Größe einer Elster.

Da sie mitten in den volkreichsten Städten in
alten Häusern, auf Thürmen und Kirchen wohnt,
so ist sie fast mit unter die zahmen Vögel zu rechnen.
Hier hascht sie die Hausratten und Hausmäuse,
geht auch aufs Feld, besonders in die Kohlfelder,
und jagt nach Feldmäusen. Freylich kann nicht ge=
läugnet werden, daß sie auch zuweilen eine junge
Taube aus dem Schlage holt. Allein für diesen
kleinen Schaden, den man durch Verschließung der
Taubenschläge verhüten kann, darf sie keineswege
verfolgt, sondern muß als ein für die Oekonomie
sehr nützlicher Vogel vielmehr gehegt werden.

## 38. Der große Kauz (Steineule, Buscheule*).

Sie ist wie eine Nebelkrähe groß, und unter=
scheidet sich von den andern durch einen kleinern
Kopf. Der Oberleib ist dunkelbraun und weiß
gefleckt.

Man

*) Strix Ulula. Lin.

Man trifft sie in felsigen Gebirgen und in großen Steinbrüchen an. Sie fängt sehr geschwind Mäuse und Wasserratten, Grillen, Käfer und Nachtschmetterlinge, und darf nicht verfolgt werden.

### 39. Der kleine Kauz (Todervogel, Leichenhühn= chen, Zwergeule, Käuzchen *).

Er ist am Oberleibe lichtbraun mit vielen wei= ßen runden Flecken besetzt, und wird nicht viel grö= ßer als ein Kramtsvogel.

Seine Wohnung schlägt er in Städten und Dörfern auf, und setzt den Landmann in mehrern Gegenden noch immer durch sein sonderbares Ge= schrey: Aehme, Hähme, Ehsme in Todesfurcht. Er nährt sich von allerhand Feld= und Hausmäu= sen, Grillen und Käfern, und muß deßhalb ver= schont werden. Freylich fängt er auch zuweilen ei= nen Finken und eine Lerche. Allein nach welchem Naturgesetz sind denn diese Vögel allein für uns bestimmt?

F 4                    44. Die

---

*) Strix passerina. Liñ.

## 44. Die Habichtseule (Sperbereule *).

Sie bewohnt eigentlich den höchsten Norden und ist bey uns äußerst selten. Dem Kopf und den rauhen Füßen nach gleicht sie einer Eule, dem übrigen Körperbau, besonders aber dem langen keilförmigen Schwanze nach einem Falken. Der Körper ist hellbraun und weiß gefleckt.

Sie fliegt bey hellem Tage auf den Raub der Reb = Schnee = und Birkhühner aus, und ist so dreiste, daß sie dem Jäger das geschoffene Wildpret z. B. die Rebhühner wegstielt, ehe er sie auf nehmen kann.

───♦♦♦───

Aus dieser kurzgefaßten Geschichte aller bey uns bekannten Eulenarten ergiebt sich, daß wir uns nicht zu beschweren Ursache haben, wenn die Feldmäuse in manchen Gegenden so außerordentlich überhand nehmen und schädlich werden, so lange wir fortfahren, diese und andere dieselben vertilgende und ihrer gar zu großen Vermehrung steuernde Vögel zu verfolgen, die sich auch ohnehin nur sehr spärlich vermehren.

*) Strix accipitrina. Lin.

───♦♦♦───

Wo

Wo nicht so nützlich, als die mehrsten Eulen, doch eben so unschädlich sind die vier Würger= oder Neuntöderarten, die man in Deutschland antrifft, die noch fast allenthalben als schädliche Raub= vögel von dem Jäger geschossen und deren Fänge ihm von der Obrigkeit für ein gewisses, obgleich ge= ringes, Schießgeld ausgelößt werden. Es ist leider mehr als zu ausgemacht, daß die Verfolgung der Neuntöder noch von der alten Fabel ihren Ursprung hat, daß sie alle Tage neun Vögel töden müßten; welches man aber lieber in schädliche Insekten ver= wandeln könnte. Die genauesten Beobachtungen und Erfahrungen beweisen nämlich, daß sie eine Menge Maikäfer, Maulwurfsgrillen (Werren) u. d. g. wegfangen. Einige haben auch wirklich die bewundernswürdige Gewohnheit, daß sie erst eine Menge Insekten, auch wohl bey Regenwetter, wenn sich diese verkriechen, ein junges Feldmäus= chen, ein kleines junges Vögelchen oder eine Ey= dechse haschen, sie an Schwarz= oder Weißdorn= stacheln heften, hier bis zu einer großen Mahlzeit sammeln und alsdann zusammen verzehren; daher trifft man im Sommer allenthalben solche Sträu= cher an, wo eine Menge Roß= und andere Käfer angespießt sind. Diese Vögel sind auch für dieje= nigen Gegenden eine Wohlthat, wo die Pferde

F 5                          und

und Füllen Tag und Nacht auf dem Felde in Schranken oder Horden bleiben. Hier giebt es, wie bekannt, eine solche Menge Mistkäfer, daß man in
den schönen Sommerabenden gar nicht ausgehen
kann, ohne von diesen Thieren, die einem beständig
um den Kopf herum schnurren, ja wohl gar ins Gesicht fliegen, belästigt zu werden.

41) Der große graue Würger (der große,
graue Neuntöder, Krickelster *).

Er hat fast die Größe einer Rothdrossel. Der
ganze Oberleib ist schön hellaschgrau, der Unterleib
weiß mit kaum merklichen grauen Wellenlinien.
Durch die Augen läuft ein schwarzer Streifen.

Er ist der einzige von dieser Vogelgattung,
der den Winter über bey uns bleibt; denn die übrigen sind alle Zugvögel, die in wärmere Gegenden
wandern. Im Winter stößt er auf Feldmäuse,
auch auf Goldammer und Sperlinge, im Sommer
aber machen seine gewöhnlichen Nahrungsmittel
Hirsch= Roß= und Maikäfer, Heuschrecken und Maulwurfsgrillen aus. Er wagt es freylich in der Hungersnoth auch zuweilen auf Rebhühner, Kramtsvögel ꝛc. zu
fallen,

*) Lanius Excubitor. Lin.

fallen, muß aber gewöhnlich unverrichteter Sache
wieder abziehen. Den meisten Verdruß macht er
noch den Vogelstellern, denen er zuweilen die Lock=
vögel auf dem Heerde wegfängt, oder die zum Auf=
fallen sitzende Vögel wegjagt. Diesen ist es uns
verwehrt, einen solchen Störer ihres Fanges weg=
zufangen oder zu schießen. Sie werden es aber auch
ihres Nutzens halber schon thun, ohne deßhalb eine
Belohnung von der Obrigkeit zu erwarten. Es
ist also billig, diesen Vogel aus dem Register der
schädlichen auszustreichen, und ihm die Schonung
eines nützlichen Vogels angedeihen zu lassen.


## 42. Der kleine graue Würger *).

Er ist nur ein wenig kleiner, als der vorher=
gehende, sieht ihm auch fast gleich, und die Jäger,
welche nicht auf die schwarze Stirn sehen, die ihn
vorzüglich vor dem großen grauen Würger aus=
zeichnet, halten ihn mit demselben für einerley Vo=
gel. Auch sein Unterleib ist ganz weiß, ohne Wel=
lenlinien, dafür aber etwas mit Rosenroth über=
laufen.

Er

*) Lanius minor. Lin.

Er hat seinen Aufenthalt in Gärten und in denjenigen Feldern, wo viele Bäume und Gebüsche stehen, und nährt sich von Mai: Mist: Erd: und andern Käfern, wenigstens habe ich ihn noch nie einen Vogel haschen sehen, ohngeachtet er sich immer mit denselben herum beißt, wenn sie seinem Neste zu nahe kommen. Er ist auch überdieß, wie die mehresten Würger, ein außerordentlich gelehrter Vogel, denn er singt der Nachtigall Lied nach, ohne eine einzige Sylbe auszulassen, freylich nicht mit der vollen schmetternden Stimme.

### 43. Der rothköpfige Würger (Finkenbeißer, großer rother Neuntöder, Waldelster *).

An Größe gleicht er dem vorhergehenden, und wird dadurch leicht kenntlich, daß der Hinterkopf und Nacken rothbraun, der Rücken aber schwarzbraun ist. Das Weibchen hat, so wie bey den beyden vorhergehenden Arten, einerley Farbe mit dem Männchen **).

*) Lanius Collurio. Lin
**) Man bestreitet dieß immer, und will das Weibchen für dunkelbraun, rostbraun und weißbunt ausgeben.

In sandigen Gegenden, wo die Maulwurfs=
grillen dem Landmann großen Schaden thun, ist
er von unbeschreiblichem Nutzen, denn sie sind sei=
ne vorzüglichste Nahrung und seine Leckerbissen.
Er schwebt daher immer über den Aeckern, wo er
sie bemerket, flatternd herum, schießt, sobald sich
eine aus der Erde gräbt, herab, fängt sie, setzt sich
mit ihr auf einen nahen Strauch und verzehrt sie.
Außerdem fängt er auch junge Feldmäuse, Mai=
und andere Käfer. Sollte man einen so nützlichen
Vogel nicht schonen? Er ist ebenfalls von großer
Gelehrigkeit, setzt sich im Sonnenschein auf die
höchsten Gipfel der Obstbäume und singt alle Ge=
sänge derjenigen Singvögel ohne Anstoß nach, die
um ihn wohnen.

## 44. Der Dornbreher (kleiner Neuntödter *).

An Größe kommt er einer Feldlerche bey,
Männchen und Weibchen haben eine äußerst ver=
schie=

geben. Allein dieß sind allemal die Jungen, die
ohne sich zu mausern mit ihrem jugendlichem Ge=
wande in wärmere Gegenden ziehen, und ausge=
mausert zu Ende des Aprils erst wieder kommen.

*) Lanius spinitorquus.

schiedene Zeichnung, daher sie auch verschiedentlich
für zwey besondere Vögelarten sind gehalten worden.
Das Männchen hat einen aschgrauen Kopf und
Nacken, rothbraunen Rücken und einen schönen
weißen Unterleib, der schwach rosenroth überlaufen
ist. Das Weibchen hingegen ist am ganzen Oberleibe schmutziggraubraun, am Unterleibe schmutzigweiß mit dunkelbraunen wellenförmigen Queerlinien.

Schaden stiften diese Vögel gar nicht, wenn
man ihnen das, daß sie zuweilen ein junges Roth-
kehlchen, oder einen andern jungen Vogel, der noch
nicht recht fliegen kann, bey schlechter Witterung
fangen, nicht als ein Verbrechen anrechnen will.
Sie vertilgen vielmehr manches schädliche Insekt,
nützen durch ihr Fleisch, das so schmackhaft wie das
Fleisch der kleinen Singvögel ist, und weder den
widrigen Geruch noch Geschmack der Raubvögel hat.
Sie machen den schicklichsten Uebergang von den
Raubvögeln zu den Singvögeln, denn sie ahmen
nicht nur, wie der vorhergehende, die Gesänge anderer Vögel nach, sondern schreyen auch einige ei-
genthümliche rauhe Strophen. Es ist eine gewöhnliche Jäger- und Vogelstellersage, daß ihnen sowohl als den kleinen grauen und den rothköpfigen
Würgern die Natur diesen Nachahmungstrieb deß-

wegen

wegen eingepflanzt habe, um diese kleinen Vögel,
deren Gesang sie nachahmen, dadurch zu täuschen,
und desto leichter fangen und tödten zu können, die
aber nach Vernunft und Erfahrung ungegründet
ist. Denn im Mai, wenn sie ankommen und sind
gen, finden sie so viel Käfer, die sie lieber als Vo-
gelfleisch fressen, daß sie diesen Kunstgriff gar nicht
anzuwenden brauchen; bey übler Witterung und
im Herbst aber singen sie nicht, und können also diese
bösen Künste nicht treiben. Auch habe ich bey der
größten Aufmerksamkeit niemals bemerkt, daß einer
von den Singvögeln, die um sie sind, und deren
Gesänge sie nachsingen, von ihnen wäre gefangen,
oder daß ihre Nester von ihnen wären geplündert
worden.

II. Wald-

## II. Waldvögel *).

Faſt allen Vögeln, die in dieſe Ordnung gehören, ſtellt der Jäger mit Unrecht nach, weil ſie theils mehr Nutzen als Schaden leiſten, theils bloß nützlich, theils unſchädlich ſind.

### 1. Der gemeine Rabe (Kolkrabe, großer Rabe **).

Seine Naturgeſchichte lehrt uns, daß er unter die zugleich ſchädlichen und nützlichen Vögel gehört, und daß daher der Jäger immer gewiſſe Rückſichten vor Augen haben muß, wenn er ihn theils zum Ziel ſeiner Flinte macht, theils ſeiner zu ſtarken Vermehrung ſteuert. Nützlich wird er nämlich dadurch, daß im Sommer ſeine Hauptnahrung Inſekten und ihre Larven, beſonders die ſchädlichen Larven des Maikäfers (die ſogenannten Glimen oder Engerlinge), Raupen, Schnecken und Feldmäuſe ſind. Schädlich wird er auch alsdann dadurch,

*) Picae.
**) Corvus Corax Lin.

durch, daß er, wo er einem Dorfe oder Bauernhofe nahe wohnt, zur Zeit seiner Fortpflanzung junge Hühner, Gänse und Enten, und auf dem Felde junge Hasen und Rebhühner fängt. Im Winter lebt er auch mehrentheils von Feldmäusen und Aas, fängt aber auch zuweilen ein Rebhuhn und einen Hasen.

Es scheint aus dieser Angabe seiner Nahrungs, mittel zu erhellen, daß ihn der Jäger in der Nähe der Dörfer nicht leiden darf, und daß überhaupt sei, ner Vermehrung gewisse Gränzen gebühren. Diese können dadurch festgesetzt werden, daß man diesen Vogel außer obiger Hinsicht nur im Winter schießt, und zwar bloß um seine Flügelfedern zum Zeichnen, Schreiben, und zu Befiederung musikalischer In, strumente zu benutzen. Aus dem Verzeichniß der, jenigen schädlichen Vögel, wofür die Obrigkeit Schießgeld bezahlt, wäre er also gänzlich auszu, streichen. Seine Flügelfedern bezahlen allemal Pul, ver und Bley.

## 2. Die Rabenkrähe (der kleine Rabe, die schwarze Krähe *).

Wenn wir vor den Verheerungen der Feld, mäuse, der Engerlinge (Glimen) und Maikäfer sicher

*) Corvus Corone. Lin.

G

sicher seyn wollen, so darf der Jäger schlechterdings
diesen Vogel nicht mehr als einen Raubvogel behandeln, und für seine Vertilgung belohnt werden,
sondern muß ihn als einen nützlichen Vogel hegen
und pflegen. Wenn der Forstmann erst dahin wäre, daß er Naturgeschichte studirte, oder nur auf
die Dinge, die in der Natur täglich vor seinen Augen vorgehen, achtete, so würde er schon längst er-
kannt haben, daß die vorzüglichsten Nahrungsmittel der Rabenkrähe Feldmäuse, Schnecken und
Engerlinge sind, die sie hinter dem Pflug des Ak-
kermanns aufsammlet, er würde wissen, daß diejenigen Gegenden, wo diese Vögel in Schaaren wohnen, fast nie etwas von den Verwüstungen der Feldmäuse, Erlenschaalen und Maikäfer leiden, und
würde das ihr gar gerne gönnen, daß sie auch zuweilen einen jungen Fasan, Rebhuhn oder jungen
Hasen, eine Kartoffel rc. als eine Festmahlzeit ver-
zehrte. Getraidekörner lesen sie nur im Spätherbst
und Winter auf eingeerndeten Aeckern auf; denn
im Sommer sind ihnen lebendige Speisen lieber,
als todte Körner. Ohnehin nützt uns ja auch dieser Vogel durch seine Flügelkielen, die fast eben so
sehr gesucht werden, als die vom gemeinen Raben.
Auch die Jungen, die aus dem Neste genommen
werden, lassen sich essen, und es ist ein unzeitiger

                                                    Eckel.

Ekel, sie zu verachten. Diese beyden nützlichen
Zwecke sind hinreichend, ihren Ueberfluß, wie bey
andern nützlichen oder unschädlichen Vogelarten,
Gränzen zu setzen. Krähenhütten zu bauen, wäre
also, wenn es nur zur Vertilgung dieser Vögel ge-
schähe, gänzlich zu verbieten. Sie aber von Fa-
sanerien, wo sie den Eyern und Jungen nachgehen,
abzuhalten, hat man ja außer dem Schießen, das
hier ohnehin nicht thunlich ist, allerhand einfache
Verscheuchungs- und Verweisungsmittel.

### 3. Die Nebelkrähe (Schildkrähe, der graue Rabe *).

Sie ist grau; Kopf, Kehle, Flügel und
Schwanz aber sind schwarz.

Im nördlichen Deutschland nistet sie in Menge, bey uns in Thüringen aber nur höchst selten.
Dahingegen bringt sie in großer Anzahl bey uns
den Winter zu, und ist uns eine sehr große Wohlthat, denn sie frißt alsdann nichts als Mäuse, Aas,
Gewürme und Insekten, die nahe unter der Ober-
fläche der Erde liegen. Wir haben also vielmehr
Ursach, sie zu hegen und zu pflegen, als zu verfol-

G 2 gen.

*) Corvus Cornix. Lin.

gen. In ihrer eigentlichen Heimath stielt sie freylich zuweilen eine junge Ente, ein junges Haushuhn, Rebhuhn und einen jungen Hasen u. d. g. vertilgt aber auch dafür weit mehr Mäuse, Raupen, Engerlinge, Schnecken und dergleichen schädliche Thiere, die der Landmann mit dem Namen Ungeziefer belegt.

## 4. Die Saatkrähe (Rooke, der Nacktschnabel *).

Von der Rabenkrähe unterscheidet sie sich nur dadurch, daß die Wurzel des Schnabels nackt, und wie grindig oder schabig ist.

Auch dieser Vogel, der in großen Gesellschaften in Thüringen überwintert, ist eine wahre Wohlthat für uns; denn er nährt sich wie der vorhergehende. Im nördlichen Deutschland nistet er, und zwar in manchen Gegenden in solcher Menge, daß ganze Waldungen mit ihm bedeckt sind. Hier weiß man, daß er reifes und grünes Getraide und Küchengewächse frißt. Allein man schilt ihn auch da nicht als einen schädlichen Vogel, weil man weiß, daß er dem Landmann weit mehr Nutzen durch

*) Corvus frugilegus. Lin.

durch Vertilgung der ausgepflügten Insekten, als
der Maikäfer, Maikäferlarven, der Heuschrecken,
Raupen, Schnecken ꝛc. leistet, als sein Schaden be=
trägt, den er an Getraide thut. Tritt Regenzeit
ein, wo diese Vögel nach letztern Nahrungsmitteln,
besonders nach Erbsen und Kartoffeln zu greifen ge=
zwungen sind, so kann man sie leicht durch Scheu=
sale, Klappern u. d. g. von den Aeckern abhalten.
In England lassen die Bauern die bestellten Aecker
von ihren Kindern bewachen; doch hüten sie sich,
die Saatkrähen wegen ihrer Dieberey zu vertilgen,
wohl wissend, daß sie durch häufige Verzehrung der
schädlichen Insekten unaussprechlichen Nutzen stiften.


## 5. Die Dohle (Schneedohle*).

Von ihr gilt fast alles, was ich von der Saat=
krähe gesagt haben. Sie frißt Schnecken, Erd=
maden und folgt dem Pfluge nach, springt den Scha=
fen und Schweinen auf den Rücken und liest ihnen
die Läuse ab, sucht aber auch freylich Getraide auf,
und pflückt sogar Kirschen und anderes Obst ab.
Da man diesen ökonomischen Schaden durch leichte
Mittel verhindern kann, sie auch gewiß nirgends

G 3                                          so

*) Corvus Monedula. Lin.

so häufig, wie die Tauben sind, die sich doch bloß
vom Getraide nähren, man auch überdem nicht leicht
in denjenigen Gegenden, z. B. um Erfurt herum,
wo sie häufig wohnen, wie an andern Orten hört,
daß die Engerlinge das Getraide oder die Kartoffeln
und andere Wurzelgewächse angefressen und verdorben haben; so folgt, daß sie nicht nur nicht verfolgt, sondern auch gehegt werden müssen. Ihrer
gar zu großen Vermehrung würde dadurch Gränzen gesetzt, wenn man sich in Deutschland, wie in
andern Ländern, überwinden könnte, sie zu essen.
Sie haben in der That keinen unangenehmen Geschmack, besonders die Jungen.

### 6. Die Steindohle *).

Man trifft sie bloß in den gebirgigen südlichen
Deutschland und in der Schweiz an. Sie hat die
Größe einer Dohle, ist violetschwarz mit röthlich-
orangengelben Schnabel und Füßen. Im Herbst
kömmt sie schaarenweise von den Felsen der hohen
Gebirge herab auf niedrige Wiesen, und nährt
sich von Heuschrecken und andern Insekten. Sie
verachtet aber auch das ausgesäete und in der Erde
ers

*) Corvus Graculus. Lin.

erweichte Getraide nicht. Da sie uns zu einer
Jahrszeit einigermaßen schädlich wird, hingegen die
übrigen hinburch lauter Nußen stiftet; so erlaubt
dieß wohl auf ihre Verscheuchung, aber nicht auf
ihre Vertilgung zu denken.

## 7. Der Holzheher (Eichelheher *).

Einer unserer schönsten Deutschen Vögel, der
sich besonders durch die herrlich blau, weiß und
schwarzgestreiften vordern Flügelbeckfedern aus=
zeichnet.

Die Fänge werden dem Jäger von der Obrig=
keit ausgelöst als Raubvögelfüße, ob ich gleich nicht
einsehe, warum; denn er genießt Insekten, Eicheln,
Buchheckern, Beeren u. d. g., welche Nahrungs=
mittel man ihm doch alle gönnen kann, da er zumal
manche schädliche Raupe und Puppe vertilgt.
Daß er zuweilen einen gefangenen Vogel in der
Schneuß ausfrißt, dagegen bedarf es doch wahrhaf=
tig keiner allgemeinen Verfolgung. Er fängt sich ja
auch obendrein selbst in der Schneuß, und ist in
Waldgegenden als ein eßbarer Schneußvögel be=
kannt genug; denn wenn man ihn vorher absiedet,

G 4 ehe

*) Corvus glandarius. Lin.

ehe er gebraten wird, so hat er einen angenehmen
und einen solchen bittern Geschmack, den man am
wilden Geflügel liebt. Er kann daher nur ein Gegenstand des Fangens und Schießens seyn, in so
fern er durch sein Fleisch nützet.

Noch unschuldiger als der Holzheher ist

## 8. Der Tannenheher (Nußheher *).

Er hat die Größe des vorhergehenden, wohnt
tief in Wäldern, und kömmt nur im Herbst und
Winter in bewohnte Gegenden. Er ist schwarzbraun, und weiß punktirt, fast so bunt, wie ein Staar.

So lange wir nicht beweißen können, daß die
Haselnüsse, Buchecker, Eicheln rc. ausschließungsweise nur für die Menschen bestimmt sind, so lange
dürfen wir auch diesen Vogel nicht verfolgen, der
ohnehin noch manchen für die Waldungen schädlichen
Schmetterling, Raupe und Käfer vernichtet, und
ein eßbares Fleisch darbietet.

## 9. Die Elster (Azel **).

Dieser bekannte Vogel ist von jeher nicht sonderlich
vom Jäger verfolgt worden, obgleich auch nicht zu leug-
nen

*) Corvus Caryocatactes. Lin.
**) Corvus Pica. Lin.

nen sieht, daß noch von manchen seine Füße, wenn auch
nicht unter dem Namen Elsterfänge, doch als Raben=
krähenfänge, an die Obrigkeit eingeliefert werden. Die
Aufzählung seiner Nahrungsmittel beweist auch,
daß er allerdings mehr zu den nützlichen als schädli=
chen Vögeln gerechnet werden muß; denn er nährt
sich von Aas, Raupen und Puppen, die er sogar
im Winter unter der Schaale der Obstbäume und
unter dem Moose hervorholt. Freylich nimmt er
auch zuweilen ein Vogelnest aus, oder hascht gar ein
junges Hühnchen ꝛc. In dieser letzten Hinsicht ist
es daher rathsam, ihn immer von Häusern, ja auch
von den Obstgärten und Baumschulen noch deßwegen
abzuhalten, weil er die Pfropfreiser gern abtritt.

### 10. Der Alpenrabe (Waldrabe, Eremit *).

Man trifft ihn nur im gebirgigen südlichen
Deutschland an. An Größe gleicht er einer Hen=
ne, ist glänzend schwarzgrün, hat einen langen ro=
then Schnabel, einen gelblichen Kopf und am Hin=
terkopf einen kleinen Federbusch.

Seine Nahrung besteht in kleinen Fischen,
Fröschen, Heuschrecken, Maulwurfsgrillen, Larven

G 5                        ber

*) Corvus Eremita. Lin.

der Maikåfer und anderer Inſekten und Würmer, welche er durch Hülfe ſeines langen Schnabels ſehr geſchikt aus der Erde, den Felſenritzen, Baum= und Mauerlöchern hervorholen kann. Warum ſoll= te man einen ſolchen Vogel für ſchådlich halten und tödten?

———••••———

## 11. Die Mandelkråhe (Racker, Birkheher, blauer Rabe *).

Wer kennt den ſchönen grünlichblauen und le= berbraunen Vögel nicht? Wer wollte ihn aber ver= folgen, ſo bald ihn das Verzeichniß ſeiner Nah= rungsmittel bekannt iſt? Wenn er Junge hat, ſo füttert er ſie vorzüglich mit den großen Inſekten= larven, z. E. den Engerlingen, die er auf den ge= pflügten Aeckern und unter dem Mooſe hervorholt. Außerdem frißt er Miſt= und Maikåfer, Erd= und Laufkåfer, Heuſchrecken, Maulwurfsgrillen, Viel= füße, Sclolependern, Borken= und Fichtenkåfer und andere Inſekten, die ſich unter der Borke der Båu= me aufzuhalten pflegen, Regenwürmer, nackende Schnek=

*) Coracias garrula. Lin.

Schnecken, Fröſche, knotige Pflanzenwurzeln, Eicheln, Waldbeeren und freylich auch im Herbſt auf
ſeinen Wanderungen (welches aber von gar keinem
Belang iſt) auch Getraidekörner, die er aus den
aufgethürmten Garben, die man Mandeln nennt
(daher ſein Name Mandelkrähe) aushackt.

***

## 12. Der gemeine Kuckuk *).

Die alten Fabeln, welche erzählen, daß er ſich
im Herbſt in einen Raubvogel, namentlich in einen
Sperber verwandele, und im Frühjahr erſt wieder
ein Kuckuk werde, daß er die Eyer aus demjenigen
Neſte freſſe, in welches er ſein eignes zum Ausbrü-
ten lege, und daß zum Danke für die mütterliche
Pflege der jungen Kuckuk, wenn er flück ſey, ſeine
Stiefmutter ſelbſt verſchlinge, haben ihn noch jetzt
bey den Jägern in der Liſte der Raubvögel erhalten.   Wer ihn aber nur einmal mit Aufmerkſam-
keit in der Nähe betrachtet hat, und wenn er auch
weiter nichts von ſeiner Lebensart wüßte, der wird
ihn in Rückſicht ſeines Schnabels und ſeiner Füße
kaum

*) Cuculus canorus. Lin.

kaum zutrauen, daß er mit einem Hirschkäfer, ge=
schweige mit einem Vogel, fertig werden könnte.
Ueberdieß ist er noch für die Forst= und Gartenöko=
nomie von ungemeiner Nützlichkeit; denn im Wal=
de liest er alle schädlichen Käfer und Raupen von den
Bäumen ab, und in Obstgärten vertilgt er zur Blü=
tezeit eine unzählige Menge der schädlichen Spann=
und Wicklerraupen. Verdient ein solcher Vogel
nicht die sorgfältigste Hegung?

### 13. Der rothbraune Kuckuk *).

Er ist kleiner als der vorhergehende, braun=
roth und mit schwarzen Queerstreifen schön ge=
zeichnet.

Ob ich gleich dieses seltenen Vogels Lebensart
noch nicht genau kenne, so weiß ich doch, daß er uns
schädlich ist. Wenn er im Mai vor dem Thürin=
gerwalde sich befindet, so frißt er nichts als In=
sekten.

––––•–••••––––

Ich komme zur Musterung der Spechte. Die
ganze Spechtgattung mit all ihren Arten ist
für

*) Cuculus rufus. Lin.

für die Wald = und Gartenökonomie von unbeschreib=
lichem Wichtigkeit, und dennoch sind diese guten
Vögel noch allenthalben der leichtsinnigen Verfolgung
der Jäger Preiß gegeben, die entweder noch immer
glauben, daß sie Löcher in gesunde Bäume hack=
ten *), oder deßwegen auf sie zornig sind, weil sie
sie auf dem Anstande dem Wilde durch ihr Schreyen
verrathen. Leider wissen diese Forstverwalter kei=
nes oder nur das einzige Mittel gegen die Wurm=
trockniß, die sich von Borkenkäfern und andern
schädlichen Insekten herschreibt, als das Abhauen,
Verkohlen, Verbrennen oder Ablohen der angesteck=
ten Bäume, und dabey verfolgen sie noch obendrein
diese nützlichen Thiere, die die Natur zur Vertil=
gung dieser Waldverwüster bestimmt hat. Hätten
sie nur einmal den Magen eines Spechtes unter=
sucht (allein wie kann man von solchen Personen,
von welchen noch so viele die Kenntniß und Unter=
suchung der Natur für ein unbedeutendes Kinder=
spiel halten), den sie in einem Fichtenwalde schossen,
　　　　　　　　　　　　　　　　　　　　　　so

*) Wenn man sich beklagt, daß die Spechte mit ihrem
　　harten Schnabel die Bäume beschädigten und Lö=
　　cher in dieselben hackten; so hat man nicht unter=
　　sucht, daß es allemal anbrüchige Bäume sind, in
　　welchen ihnen ihr scharfer Geruch Insekten verräth.

ja würden sie eine Menge solcher schädlichen Insekten in demselben gefunden haben.: Aber leider kennen auch die wenigsten diese Insekten selbst.

Es mag dieß ein Wink für Forstkollegien seyn, ihre Untergeordneten zu den ihnen so nöthigen naturwissenschaftlichen Kenntnissen anzuhalten, wenn sie hinführo vor diesen, so wie vor ähnlichen Anomalien in der Forstverwaltung sicher seyn wollen.

Die in Deutschland vorkommenden Spechte sind nun folgende:

## 14. Der Schwarzspecht (Spechtkrähe *).

Er ist so groß, wie eine Dohle, schwarz mit hochkarmoisinrothem Scheitel.

Gewöhnlich sieht man ihn im tiefen Schwarzwalde an den alten Baumstrünken herumklettern, und zwischen den alten losen Rinden derselben die Borkenkäfer, und schwarzen Roßameisen hervorsuchen. Außerdem aber zerstöhrt er auch noch die Horniffen- und Wespennester, und ist überhaupt ein sehr nützlicher Vogel. Sein Fleisch hat auch keinen übeln Geschmack.

15. Der

*) Picus Martius. Lin.

## 15. Der Grünspecht*).

Diesen kann man sonst nichts mit Recht beschuldigen, als daß er zuweilen im Winter die Bienenstöcke beschädigt, inn zu den Bienen zu gelangen. Allein dieß kann man ihn durch vielerley Mittel leicht verwehren, ohne deßwegen mit Feuer und Schwerd gegen ihn auszuziehen. Denn was man auch sagen mag, daß er die gesunden Bäume durch Löcherhacken beschädige, ja sogar aus Muthwillen dieß thue, so ist doch alles ungegründet. Denn er geht eines Theils, nach den genauesten Beobachtungen, nichts als ungesunde, wurmfaule Bäume an, denen auch ein Spechtloch nichts schaden kann, andern Theils ist es freylich wahr, daß er mit der größten Geschäfftigkeit dieß Werk treibt, und alle acht bis zwölf Hiebe um den Baum herum läuft, nicht aber, wie die Jägerfabel sagt, um zu sehen, ob das Loch bald durchgehe, sondern ob Maden oder Insekten durch sein Pochen zwischen der Schaale hervorgekrochen sind; denn diese fürchten sein Pochen eben so, wie die Regenwürmer das Graben des Maulwurfs, und suchen sich durch die Flucht zu retten. Er zerstöhrt auch viele Raupennester, und

sucht

*) Picus viridis. Lin.

sucht im Winter in Städten und Dörfern an den
Thürmen und Häusern unter dem Gebälke, in
den Lehmwänden und Strohdächern Insektenpup-
pen 2c. auf. Wenn man ihn hinführo fängt und
tödtet, so darf es billig um keiner andern Ursache
willen geschehen, als daß man sein eßbares Fleisch
genießen will.

## 16. Der große Buntspecht *).

Er ist so groß als ein Krammtsvogel, schwarz
und weißbunt, und am Hinterkopf ist das Gränn-
chen, so wie beyde Geschlechter am After, karmoi-
sinroth.

Im Sommer ist er in Wäldern, im Winter
aber in Gärten, wird daher im Winter den Wäldern und im Sommer den Gärten nützlich. Durch
Vertilgung der schädlichen Holzwürmer, Puppen
und Maden, die er unter der Schaale und dem
Mooße der Bäume hervorsucht, und wobey er oft
noch obendrein an Obstbäumen die alte Schaale und
das verderbliche Moos ablößt, wird er den Gärten
besonders nützlich. Ich weiß schlechterdings nach
vieljähriger Untersuchung und Beobachtung keine
schäd-

*) Picus major. Lin.

schädliche Eigenschafft an ihn zu entdecken; denn
daß er sich im Herbste mit Haselnüssen und Bucheckern, die er sehr artig in eine Baumspalte klemmt,
um den Kern heraus zu hacken, etwas zu Gute
thut, kann ich ihn wenigstens weder zur Last legen noch mißgönnen.

## 17. Der mittlere Buntspecht (Weißspecht *).

Er ist nur wie eine Drossel groß, hält sich
im Sommer mehr in Feldhölzern und Gärten, als
in großen Waldungen auf. So wie in der Lebensart also auch in der Farbe ist er dem vorhergehenden sehr ähnlich; doch unterscheidet ihn sein hoch-
karmoisinrother Scheitel, sein rosenrother After und
dünnerer spitzigerer Schnabel hinlänglich von ihm.

## 18. Der kleine Buntspecht (Graßspecht **).

Von der Größe eines Sperlings, egal weiß
und schwarzbunt, und das Männchen noch überdieß
mit einem rothen Scheitel.

Ein sehr nützliches Gartenvögelchen, dessen
Magen ich immer mit weißen Maden, Insekten-
eyern

*) Picus medius. Lin.
**) Picus minor. Lin.

H

eyern u. d. g. angefüllt gefunden habe. Es sucht nicht allein die Schaalen der Obstbäume ab, sondern sticht auch im Graß und Moos unter den Bäumen den, für die Obstbäume so schädlichen, Schmetterlingspuppen nach.

Alle diese drey Arten von Buntspechten geben alt und jung eine gute wohlschmeckende Speise, und nach dieser Nutzbarkeit muß sich denn auch bloß ihr Verminderungsziel richten.

## 19. Der drenzehige Specht *),

welcher ohngefähr die Größe des mittlern Buntspechts, einen weiß und schwärzgefleckten Körper, mit goldfarbigen (am Männchen) oder silberfarbigen (am Weibchen) Scheitel und nur drey Zehen hat, wird nur im nördlichen Deutschland und auf den südlichen Alpen angetroffen, ist aber eben so unschädlich, wie sein Vorgänger.

## 20. Die gemeine Spechtmeise (der Blauspecht **).

Dieser Vogel, der nicht, wie die gewöhnlichen Spechtarten, zwey Zehen vorwärts und zwey hinterts

*) Picus tridactylus. Lin.
**) Sitta europaea.

terwärts hat, ob er gleich eben so geschickt, wo nicht
noch geschickter, die Stämme auf- und abwärts be-
laufen kann, bewohnt die Buchenwälder und ist
so groß als eine Feldlerche. Oben hat er eine blau-
lichgraue und unten eine dunkelcitrongelbe Farbe.
Er nährt sich vorzüglich von den schädlichen
Insekten und ihren Larven, die sich unter der Borke der Bäume aufhalten, und dann von Bucheckern;
hackt niemals ein Loch in einen Baum, sondern be-
dient sich zum Brüten derjenigen, die er vorfindet;
und dennoch giebt es Jäger, die ihn unverantwort-
licherweise als einen schädlichen Vogel behandeln, und
die auch seine Füße, wenn sie sie auch nicht unter
seinen Namen einliefern dürfen, als (eben so unschädliche) Neuntödterfüße sich bezahlen lassen.

---

## 21. Der gemeine Eisvogel *).

Auch dieser schöne Vogel, der in Rücksicht des
Farbenschmucks mit dem prächtigsten Papagey wett-
eifert, wird oft als ein schädlicher Fischräuber vom
Jäger verfolgt.

Es ist ein sehr unedles Interesse, das der
Mensch beweist, wenn er alles, was nur einigermaßen

*) Alcedo Ispida. Lin.      H 2

maßen für seinen Magen ist, auch das kleinste Fisch-
chen, sich ausschließungsweise allein zueignet. Man
schone doch diesen schönen Vogel, der ohnehin seiner
Lebensart nach uns nicht bedeutend schädlich werden
kann, weil ihn die Ueberschwemmungen so vielfältig
seine Brut zerstöhren, daß er auf ewig selten bleiben wird.

## 24. Der Pirol (Pfingstvogel, Goldtrossel, Weihrauch *).

Er hat auch noch den Namen Bülow, den er
laut ausruft. Das Männchen ist sehr schön schwarz
und golbgelb gezeichnet, das Weibchen aber nur
zeisiggrün mit schwarzgrauen Flügeln. Ihre Größe
se ist, wie die einer Singdrossel. Sie kommen
um Pfingsten ins mittlere und nördliche Deutschland, bauen dann ihr schönes beutelförmiges Nest
in Laubhölzern zwischen zwey Äste, führen ihre
Junge auf die Kirschbäume, in südlichern Gegenden auch auf die Feigenbäume, und ziehen zu Ende
des Augusts oder Anfang des Septembers schon
wieder weg. Die Kirschfinken fressen nur den Kern
aus den Steinen der Kirsche, diese hingegen bloß
das Fleisch. Wenn man sie daher in einem Kirsch-
gart-

*) Oriolus Galbula. Lin.

garten erblicket, so darf man einen Schuß an sie
wagen. Ihr Fleisch schmeckt alsdann aber auch
sehr gut. Hingegen müssen sie zur Brütezeit verschont bleiben, eines Theils, weil sie nicht sehr häufig sind, andern Theils aber auch, weil sie viele
schädliche Insektenlarven und Insekten, von den
Bäumen lesen. Sie hacken sogar, wie die Spechte, die Schuppen der Baumrinde auf, und holen
weiße Maden hervor *).

*) Ich weiß nicht, ob es Gegenden in Deutschland
giebt, wo man auch den Wendehals (Jynx Tor-
quilla. Lin.) als einen schädlichen Vogel verfolgt.
Sollte es irgendwo noch geschehen, so wünschte ich,
daß man bedächte, daß man hier gegen einen sehr
nützlichen Vogel zu Felde ziehe. Denn er nährt
sich fast von nichts als schädlichen Insekten, von
Ameisen, Borkenkäfern und ihren Larven, und von
andern Holzinsekten.

H 3 III. Schwimm-

## III. Schwimmvögel*).

————

### 1. Die wilde Gans **).

Die mehresten Jäger glauben noch, daß diese Vö,
gel an den Ufern der Deutschen Seen außgebrütet
würden, und ich habe schon oft einen langen Disput
aushalten müssen, wenn ich nicht zugeben wollte,
daß ihrer viele auf dem Schwanensee ohnweit Er;
furt brüteten.   Ihr wahrer Sommeraufent;
halt aber sind vielmehr in Europa die Lappländi,
schen Moräste, und der östliche und südliche Theil
von Island.   Auch in Asien und Amerika halten
sie sich zu dieser Jahrszeit in den nördlichsten Ge;
genden auf.   Sobald aber in Norden der erste an;
haltende Schnee einfällt, so ziehen sie sich nach ge;
lindern Zonen, und deßhalb findet man sie oft
schon in der letzten Hälfte des Septembers in Deutsch;
land.   Hier werden sie oft der jungen Win;
tersaat sehr nachtheilig, ja verursachen zuweilen
gar Mißwachs.   Dieß geschieht besonders in gelin;

den

*) Anseres.
**) Anas Anser ferus. Lin.

den und abwechselnden Wintern; denn alsdann beis
ßen sie nicht nur die Blätter von der jungen Saat ab
(welche man ihnen gar wohl gönnen könnte), sondern
reissen die ganze Pflanze mit samt den Wurzeln aus.
Man stelle sich alsdann eine Schaar Gänse von mehs
rern Tausenden, ja zuweilen mehrern hundert Tausens
den vor, die in solchen Wintern, wo es bald thaut, bald
friert, und wo ohnehin alle Wurzeln der Saat lose sind,
auf die grüne Saatfelder fallen, was für einen unaus=
sprechlichen Schaden müssen diese nicht thun?   Und
demohngeachtet kenne ich Gegenden, wo es keinem
Jäger einfällt, auch nur den geringsten Widerstand
zu thun, und auch, welches das schlimmste ist, dem
armen Landmann nicht erlauben, durch Verscheu=
chungsmittel z. B. durch Schüsse (denn Pulver kön=
nen sie nicht riechen) diese Feinde zu vertreiben.

Ich weiß es wohl, daß es schwer hält, diesen
Thieren schußrecht zu kommen; allein dieß entschul=
digt den Jäger nicht, dessen Pflicht es ist, hier
dem armen Landmann sein Eigenthum zu beschützen,
wenn er es ihn nicht erlauben kann, sich selbst zu
helfen. Es giebt auch ohnehin Mittel genug, die=
sem listigen Geflügel nahe zu kommen, wenn er sich
nur die Mühe nicht verdriessen läßt, dieselbe an=
zuwenden *).                 H. 4.                Hier

*) Wer sie nicht kennen sollte, den verweise ich auf
                                                    meine

Hier ist es auch Pflicht, daß die Forstkollegien ins Mittel treten, und dem Jäger nicht nur das Schießgeld für einen so schädlichen Vogel erhöhen, sondern ihn auch in gewissen Gegenden zur Liefer rung einer bestimmten Anzahl derselben zwingen, so wie der Landmann in manchen Gegenden gezwun gen ist, eine gewisse Anzahl Sperlingsköpfe zu lie fern. Die Forstkasse hat dabey keinen Schaden, da sich immer Liebhaber genug finden werden, die das Schießgeld für einen wilden Gänsebraten oder Pastete gern bezahlen.

Noch muß ich anführen, daß ich Beyspiele weiß, wo in schneelosen Wintern der häufige scharfe Koth dieser Gänse auch ganze Strecken Saat weg gebaizt hat.

## 2. Die Bohnengans *).

Sie wohnt im Norden von Europa, brütet in Menge in Lewis, einer der Hebridrischen Ins seln, wandert im August, und kömmt auch nach Deutschland z. B. nach Oesterreich. Sie ist dem grünen Getraide, vorzüglich dem Roggen sehr schäd lich, daher auch ihr Deutscher und Lateinischer Na me.

meine gemeinnützige N. G. Deutschlands B. 2. S. 492 u. f. wo ich die vorzüglichsten angegeben habe.
*) Anas segetum. Lin.

me. Ich habe sie nie selbst gesehen, wie ich aber
vermuthe, so ist sie mit der vorhergehenden einerley
Vogel. Doch will ich ihre Beschreibung hersetzen,
um vielleicht zu einer nähern Untersuchung Anlaß
zu geben.

Sie wird 2 Fuß 8 Zoll bis 3 Fuß lang und
6 1/2 Pfund schwer angegeben. Der Schnabel ist
klein, am Ende sehr zusammengedrückt, die Wurzel und der Nagel schwarz, die Mitte blaßroth;
die Beine saffrangelb, die Klauen weiß. Der
Kopf und Hals sind aschgraubraun, rostfarbig überlaufen; der Rücken einfarbig aschgrau; die Schul-
tern dunkler, weiß eingefaßt; die kleinern Deckfe-
dern der Flügel sehr lichtgrau; die Brust und der
Bauch schmutzigweiß, aschgrau gewölbt; die vordern
und hintern Schwungfedern grau, schwarz eingefaßt; der Schwanz grau, weiß eingefaßt.

Sie mag nun unsere wilde Gans, oder eine
eigene Art seyn, so verdient sie eben so, wie jene,
im Winter, da sie ohnehin auch durch ihr Fleisch
und Federn nützet, daß ihr der Jäger nachgeht *).

3. Die

*) Ueberhaupt muß man bemerken, daß einer von
den vorzüglichsten Zwecken der Vögelwanderungen
dieser ist, daß auch diejenigen Völker von den Zug-
vögeln Nutzen ziehen sollen, bey denen sie eigentlich
nicht

### 3. Die wilden Enten.

Es giebt von den Vögeln, die diesen Namen führen, in Deutschland, wenn auch nicht im Sommer, doch im Herbst und Winter achtzehn bis zwanzig Arten, die meist alle den Fischteichen schädlich werden. Man sollte daher auch auf die Verminderung und Verjagung dieser Wasservögel in manchen Gegenden, z. B. in Thüringen, mehr denken, als es gewöhnlich geschicht, da ja, wie bekannt, das Fleisch der meisten sehr schmackhaft ist, und gesucht wird. Sie alle hier aufzuzählen, erlaubt theils der Zweck, theils der Raum dieser kleinen Schrift nicht. Genug, daß sie dieß hier angeführte mit einander gemein haben. Wer ihre Geschichte genauer kennen will, der lese nach: J. M. Bechsteins gemeinnützige Naturgeschichte Deutschlands. 2ter Band. S. 568 bis 723.

---

### 4. Die

nicht ihre wahre Heymath haben. So kommen z. B. die Krammtsvögel gewiß auch deßhalb mit in unsere Gegenden, daß wir uns an ihrem Fleische erquicken sollen. Bey diesen erkennen wir auch diese Absicht; bey den andern aber, besonders wenn uns ihr Fang einigen Mühe macht, will sie uns nicht so einleuchten.

## 4. Die Tauchenten *).

Man hat ihrer dreyerley Arten, und die
Jäger unterscheiden sie gewöhnlich nicht von den
wilden Enten. Sie können es aber leicht durch
folgende Merkmale: Der Schnabel ist durch spißige
Zacken gezähnelt, pfriemen = und walzenförmig, an
der Spiße haakenförmig, und an den Schwimm=
füßen ist die innere Zehe auf der inwendigen Sei=
te mit einer lappigen Haut beseßt. Der Kopf ist
mit einem herabhangenden Federbusche versehen.

Sie bewohnen alle den Norden von Europa
und Deutschland, und kommen nur im Winter auf
die Flüsse und Teiche des mittlern und südlichen
Deutschlands, nähren sich aber fast bloß allein von
Fischen, und der Jäger schießt und fängt sie daher
nicht nur ihres Fleisches, sondern auch ihrer Schäd=
lichkeit halber. Wer ihre Geschichte ausführlich
wissen will, den muß ich abermals auf meine ge=
meinnüßige Naturgeschichte Deutschlands. 2ter B.
S. 724 bis 743 verweisen.

5. Die

*) Mergus.

## 5. Die Taucher *).

Der Jäger kann diejenigen von diesen Wasservögeln, die sich in Deutschland aufhalten, leicht
daran erkennen, daß ihre Füße am Ende des Kör-
pers liegen, flache Schenkel und meist lappige
Schwimmhäute haben. Auch fehlt der Schwanz.

Sie nähren sich mehrentheils von Insekten
und Wasserpflanzen, und sind daher für die Fisch-
teiche unschädlich.

## 6. Die Meven **).

Auch diese Vögel, deren man in Deuschland,
wenn auch nicht im Sommer, doch im Winter,
neun Arten antrifft, und die sich durch einen mes-
serförmigen Schnabel, schmale Nasenlöcher, die in
der Mitte des Schnabels liegen, einen leichten Körper, große Flügel, kurze Füße und nackte Kniee unterscheiden, thun der Fischzucht nicht denjenigen
Schaden, den man ihnen zuschreibt, denn sie nähren sich fast alle, wenigstens in Deutschland, mehr
von Insekten als Fischen. Sie schwimmen wenig,
und schweben meist über dem Wasser, um ihren
Raub zu erlauern. Der Jäger hat nicht nöthig,
sie

*) Colymbus.
**) Larus.

sie als schädliche Vögel zu vertilgen, indem sie eine ungeheure Menge Larven, plagender Mücken und anderer Insekten verzehren.

## 7. Die Meerschwalben *).

Es gilt von diesen Wasservögeln eben das, was ich so eben von den Meven gesagt habe. Sie gehen noch weniger den Fischen, als den Insekten nach. Ihre schmalen Nasenlöcher, die an der Wurzel des Schnabels liegen, ihre sehr langen Schwungfedern und der fast bey allen getheilte Schwanz, wodurch sie den Schwalben ähnlich werden, unterscheiden sie von den Meven. Man trifft in Deutschland, wie wohl einzeln, sieben Arten an.

*) Sterna.

IV. Sumpf-

## IV. Sumpfvögel *).

———•———

### 1. Der Löffelreiher **).

Er ist in Deutschland, selten, und nur die Ufer der Donau und des Rheins sind es, wo man ihn zuweilen antrifft. Er gehört unter die zugleich schädlichen und nützlichen Vögel; denn ob er gleich den Fischen nachgeht, so sucht er doch auch Schlangen, Frösche, Schaalthiere und vorzüglich Wasserinsekten und Pflanzen zu seiner Nahrung auf.

An Größe gleicht er dem gemeinen Reiher, hat vorne am Schnabel ein kreisrundes plattes Ende, die Farbe ist weiß, nur die kahle Kehle schwarz, und auf dem Kopfe steht ein kleiner Federbusch.

———•———

2. Der

---

*) Grallae.
**) Platalea Leucordia. Lin.

## 2. Der gemeine Reiher (graue Reiher, Fischreiher *).

Wer kennt den langhälſigen Vogel nicht mit dem aſchgrauen Rücken, und weißen Unterleibe, den groſ=ßen Fiſchdieb?

Seine, vorzüglichſte Nahrung beſteht in Fi=ſchen, vorzüglich in der jungen Brut von aller Art Teichfiſchen. Er geht zu dieſem Fange bis über die Knie ins Waſſer, tritt aber gewöhnlich nicht weit vom Ufer, und es ſind immer Fiſche genug um ihn, um eine reichliche Mahlzeit halten zu können. Die Jäger und Fiſcher ſagen daher, die Fiſche röchen die Reiherbeine und kämen, um dieſen angenehmen Geruch recht zu genießen, herbey geſchwommen. So unwahrſcheinlich dieß iſt, ſo muß doch in der That ein Köder da ſeyn, der die Fiſche zu ihrem Un=tergange herbeylockt, denn die Reiher bleiben ent=weder ganz ſtille ſtehen und fiſchen (welches ich un=zähligemal geſehen habe), oder ſchreiten nur ſehr langſam fort, und haben immer Raub in Ueber=fluß um ſich. Am aller wahrſcheinlichſten iſt, daß ſie ihren Unrath in das Waſſer fallen laſſen, wel=chen die Fiſche, wie man die Erfahrung leicht ma=chen

*) Ardea cinerea. Lin.

chen kann, außerordentlich gern verschlucken. Sie dürfen vom Jäger, als für die Fisch besonders Laich=teiche äußerst schädliche Thiere, nicht geduldet wer=den. Man werfe aber ihr Fleisch nicht, wie ge=wöhnlich, weg, sondern esse es. Es ist, wenn es nicht gar zu alt ist, eine sehr angenehme Speise, wie ich aus vieljähriger eigener Erfahrung weiß. Von sehr alten ist es freylich zähe, und hat einen etwas thranigen unangenehmen Fischgeschmack.

Nicht so nachtheilig, doch auch nicht vortheil=haft ist

### 3. Der Rohrdommel *)

den Fischteichen. Denn außerdem, daß er der Fischbrut an flachen Teichen nachgeht, so be=gnügt er sich mit Fröschen, Muscheln, allerhand Wasserinsekten, ja hascht sogar Wasserratten. Dem allen ohngeachtet darf er doch keinen Pardon haben.

### 4. Der kleine Rohrdommel **).

Er ist nicht größer als ein Rebhuhn, und kommt in Deutschland allenthalben, aber nur ein=zeln

*) Ardea stellaris. Lin.
**) Ardea minuta. Lin.

zeln vor. Oben hat er eine braune, unten eine gelbliche Farbe mit grünschwarzem Schwanze. Seine Nahrung besteht, außer kleinen Fischen, vorzüglich in Wasserinsekten, kleinen Fröschen und Schnecken. Er schadet daher der Fischzucht nicht so sehr, wie sein größerer Verwandter, und muß daher auch vor großer Nachstellung sicher seyn.

5. Der Nachtreiher (Nachtrabe, Focke *).

Er hat nur die Größe einer Nebelkrähe, ist am Oberleibe schwarz, am Unterleibe gelblich und am Hinterkopfe liegt ein aus drey 6 Zoll langen weißen schmalen Federn bestehender Federbusch, den die Türken zum Putz brauchen und sehr theuer bezahlen. Sein Aufenthalt sind Flüsse, Seen, große Teiche, Moräste u. d. g., und seine Nahrung Fische, Frösche und andere Amphibien, auch Mäuse. Er ist selten.

6. Der kleine Silberreiher **).

An Größe gleicht er einer Henne. Das ganze Gefieder ist schön silberweiß. Seine Nahrung besteht

*) Ardea Nycticorax. Lin.
**) Ardea Garzetta. Lin.

J

besteht in Fischen, besonders Aalen und Krebsen, doch frißt er auch Frösche. Nur im südlichen Deutschland sieht man ihn im Frühjahr und Herbste.

## 7. Der gefleckte Reiher *).

So groß als eine Rabenkrähe. Er hat keinen Federbusch, wie die meisten andern Reiher, ist oben dunkelbraun weißgefleckt, unten verwaschen graubraun. Seine Nahrung besteht in Fischen, Fröschen und Wasserinsekten. Man trifft ihn einzeln in Sümpfen und an Seen an.

## 8. Der große weiße Reiher **)

ohne Federbusch, von milchweißem Gefieder, und von der Größe des gemeinen Reihers, wird nur auf seinem Zuge in Deutschland angetroffen. Er ist so schädlich, wie der gemeine Reiher, aber auch so selten, daß es in Rücksicht auf ihn keiner besondern Verfolgung bedarf.

9. Der

*) Ardea maculata. Lin.
**) Ardea alba. Lin.

## 9. Der gemeine Krannich *).

Ein großer bekannter Vogel von majeſtätiſchem Anſehen. Er fällt in großen Schaaren auf die Getraidefelder, frißt grüne Saat und Körner und zertritt die fruchtbaren Felder oft ſo, daß man glauben ſollte, es hätte ein Regiment Soldaten daſelbſt kampirt. Freylich verzehrt er auch verſchiedene ſchädliche Inſekten, Gewürme, z. B. Schnacken u. d. g.

Im Winter ziehen dieſe Vögel in unermeßlichen Schaaren nach Afrika. Hier verwüſten ſie in einigen Gegenden die Felder ſo ſehr, daß die Einwohner mit ihren Kindern beſtändig gegen ſie zu Felde ziehen müſſen. Dieß hat auch wahrſcheinlich zum Urſprung der alten Fabel von dem Kriege der Pygmäen (Zwerge) gegen die Kranniche Anlaß gegeben.

———————

*) Grus communis.

J 2    V. Haus-

## V. Hausvögel *)

Nur zwey Vögel rechnet man von dieser zahlreichen Ordnung hieher, nämlich den großen und kleinen Trappen.

### 1. Der große Trappe **).

Im Herbst und Winter, wo er trappweise zu dreyßig bis vierzig Stücken beysammen lebt, thut er der gesäeten und grünen Saat oft beträchtlichen Schaden. Im Sommer aber bemerkt man dieß nicht; wo er auch ohnehin allerhand Kräuter, Insekten und Würmer verzehrt. Sein gutes Fleisch macht, daß seiner allzu großen Vermehrung ohnehin die nöthigen Gränzen gesetzt werden.

### 2. Der kleine Trappe (Zwergtrappe ***).

Er ist ohngefähr so groß als ein Fasan, röthlichgrau und schwärzlich gestrichelt. In Rücksicht des Schadens und Nutzens verhält er sich, wie der große Trappe.

VI. Sing=

*) Gallinae.
**) Otis Tarda. Lin.
***) Otis Tetrax. Lin.

# VI. Singvögel *).

## 1. Der Kirschfink (Kernbeißer **).

Er übertrifft an Größe die Feldlerche. Die herrschende Farbe ist die rothbraune; an der Kehle ist er schwärzlich, am Bauche weiß, und auf den Flügeldecken sieht man einen weißen Strich. In den dicken Schnabel besitzt er außerordentliche Stärke, und beißt damit die harten Kirschsteine mit der größten Leichtigkeit entzwey. Es giebt Gegenden, wo er sich fast das ganze Jahr in Gärten aufhält, z. B. im Waldeckischen. Hier muß man gar sehr auf seine Verminderung denken. Anderwärts nistet er zwar in Buchenwäldern; kömmt aber zur Kirschreife mit den Jungen in die Gärten und plündert die Kirschbäume. Das Fleisch läßt er fallen, und zerbeißt die Steine in der Fuge. Man hört das Knacken weit, obgleich die Vögel noch so stille bey ihrem Diebstahle sind. Sie können in kurzer Zeit ganze Bäume leer machen, und müssen alsdann ver-

J 4

*) Passeres.
**) Loxia Coccothraustes. Lin.

verfolgt werden. Wenn die Kirschzeit vorbey ist, gehen sie wieder in die Wälder, und nähren sich von Roth = und Weißbuchensaamen, Schlehenkernen ꝛc. Nur zur Kirschzeit dürfen die Fänge, oder besser die Köpfe dieser Vögel, vom Jäger ausgeliefert werden.

## 2. Der Kreußschnabel (Kriniß *).

In den Gegenden, wo Schwarzwälder sind, kennt nicht allein jedermann diesen Vogel mit den kreußweiß gekrümmten Schnabel, sondern viele treiben sogar Aberglauben mit ihm.

Seine vorzüglichste Nahrung besteht in Fich= tensaamen, welchen er mit seinem krummen Schna= bel sehr geschickt zwischen den Schuppen der Zapfen hervorzuholen weiß. Er hackt aber die Zapfen nicht von den Bäumen herab, wie man ihn gewöhnlich beschuldigt, sondern häckelt sich mit seinen scharfen Klauen ein, klettert so an denselben, wie eine Spechts= meise, auf und ab, und holt die Saamenkörner heraus. Da er nur zu der Zeit sich häufig in den Fichtenwäldern einfindet, wenn es Saamen in Menge giebt, so kann man ihn diesen Fraß gar gern gönnen, und braucht ihn nur zu fangen, um ihn

als

*) Loxia curvirostra. Lin.

als Stubenvogel zu brauchen, und zu ſchießen, wenn
man ſein gewürzhaft ſchmeckendes Fleiſch genießen
will. Auf folgende Art, die vielleicht wenig Jägern bekannt iſt, kann man aus dieſen Vögeln eine
wahre Delikateſſe machen. Man wirft ſie nämlich
gerupft und ausgenommen in ſiedendes Waſſer, damit
ſie ein wenig anlaufen, trocknet ſie wieder rein ab,
ſpießt ſie an hölzerne Spießchen, legt dieſe auf einen
Roſt über die Kohlen, beſtreicht ſie ein wenig mit
Butter und läßt ſie halb gahr braten. Hierauf
nimmt man kleine Fäßchen, in der Größe der Senf-
fäßchen, legt unten auf den Boden erſt Lorbeerblät-
ter, Citronſchaalen und ganze Würze, hierauf eine
Schicht kalt gewordener Vögel, und dieß ſo lange
wechſelsweiſe, bis die Fäßchen voll ſind. Alsdann
ſchlägt man dieſe Fäßchen zu, bohrt oben Löcher hinein, läßt Eſſig ſieden und wieder abkühlen, und
gießt dieſen zu den Löchern hinein, ſchlägt dieſe endlich feſt zu, ſetzt die Fäßchen an einen kühlen Ort,
und kehrt ſie öfters um. Wie man dieſe Vögel
mit Klettſtangen auf eine leichte Art und in Menge
fängt, weiß jeder Vogelſteller.

3. Der Hausſperling (Spatz *).

Dieß ſind verſchriene Thiere, die ſeit undenk-
lichen Zeiten nicht nur den Nachſtellungen der Jä-

J 4                                    ger,

*) Fringilla domeſtica Lin.

ger, sondern auch des Oekonomen auf Befehl der
Obrigkeit ausgesetzt sind — und dennoch sind sie,
wenn man ihren Nahrungszustand genauer un-
tersucht, mehr nützlich als schädlich. Dieß wird
man da am besten wissen, wo sie gänzlich vertilgt sind. Ich kenne Gutsbesitzer, die die Haus-
und Feldsperlinge auf ihren einzeln liegenden Gütern
gänzlich ausgerottet hatten, und die sich lange nicht
erklären konnten, warum sie niemals Obst bekamen,
wenn es ihre Nachbarn in Menge erndeten, bis sie
endlich auf die Verbannung der Vertilger der schädlichen Obstraupen und Insekten aufmerksam gemacht
wurden, und mit vieler Mühe wieder Spatzen ansetz-
ten, um nur ihre Obsterndten, wie ehedem, zu
halten. Welches denn auch geschah.

Wo die Haussperlinge in großer Menge vor-
handen sind, da werden sie gleich, wohlthätig und
schädlich, wo sie aber nur in mäßiger Anzahl wohnen, sind sie mehr nützlich als schädlich.

Dieß ist das Resultat ihrer Schädlichkeit und
Nützlichkeit nach vieljähriger Beobachtung.

Im Frühjahr und Sommer suchen sie alle Obstbäume durch, lesen die Raupen von den Blüten
und Blättern (besonders die grünen Wickelraupen)
ab, und tödten eine außerordentliche Menge Maikäfer, Erbsenwürmer und Heuschrecken, womit sie

seb

besonders ihre Jungen füttern. Freylich thun sie
auch auf der andern Seite einzelnen Personen,
deren Aecker nahe an den Dörfern und Städten liegen, großen Schaden an dem reifenden und reifen
Waizen und der Gerste. Auch gehen sie den jungen Zuckererbsen, den Kirschen und Weinbeeren
nach. Allein all diesen Uebeln kann man durch
bekannte Verscheuchungsmittel vorbeugen. Die Regel, die uns hier die Natur vorschreibt, ist: Denke
auf ihre Verminderung, nicht aber auf ihre
Ausrottung. Ihre Verminderung wird uns aber
auch dadurch noch nützlich, daß uns ihr Fleisch eine angenehme Speise verschafft. Dieses schmeckt eben so
gut und ist eben so gesund, als Finkenfleisch; besonders sind die Jungen eine angenehme Speise, und
es ist ein bloßes Vorurtheil, wenn sie einige Personen für übelschmeckend und eckel ausgeben. Diese
Verminderungsart, die Jungen aus dem Neste zu
nehmen, ist auch die aller zweckmäßigste.


## 4. Der Feldsperling (Baumsperling *).

Was vom Haussperling gesagt worden, gilt
auch von diesem. Ja er ist noch nützlicher, als je-

J 5

ner.

*) Fringilla montana. Lin.

nier. Wo sich ein Pärchen in einem Obstgarten befindet, welches ihr gewöhnlicher und liebster Aufenthalt ist, darf man es ja nicht verjagen, wegen
des ungemein großen Nutzens, den es, besonders
wenn es Junge hat, stiftet. Beyde Gatten fliegen täglich von Baum zu Baum, und lesen besonders
im Frühjahr aus den Knospen und Blüten und im
Sommer von den Blättern der Obstbäume die schädlichen Raupen und Insekten ab. Auch ist ihr Fleisch
wohlschmeckender als das der Haussperlinge.

Ihr schöner rothbrauner Scheitel, schwarz und
rostfarben gefleckter Rücken, und die zwey weißen
Linten, die über die Flügel weglaufen, unterscheiden
sie hinlänglich von den Haussperlingen.

Amphi-

# Amphibien.

Man hat es, so viel ich weiß, noch in keinem Lande den Jägern zur Pflicht gemacht, auch auf die schädlichen Thiere in dieser Classe ihr Augenmerk zu richten, und doch finden sich in derselben die sogenannten Ottern, welche in der That weit nachtheiliger sind, als alle Krähen, Eulen und Spechte ꝛc. zusammengenommen. Die Obrigkeit sollte es daher den Jägern auftragen, dieselben mit der Flinte oder auf eine andere Art zu tödten, und ihnen die Bälge, wie bey den Vögeln die Fänge, für ein bestimmtes Schießgeld auslößen. Niemand kann die Menschen von diesen in kultivirten Ländern so äußerst lästigen und gefährlichen Thieren sicherer befreyen, als die Jäger, da niemand mehr die Wälder durchstreift, niemand mit Waffen versehen ist, noch versehen seyn darf, welche zur Tödtung derselben nöthig sind, ja es auch niemand mehr Ursache hat, als sie, da sie gewöhnlich nur ihnen, oder solchen Personen schaden, die im Walde ihre Handthierung treiben, ja auch ihre Jagdhunde oft tödlich verwunden.

I. Schlei-

## I. Schleichende Amphibien *).

Ottern nennt man in Deutschland, wenig
stens in Thüringen, alle giftige Schlangenarten,
und das Beißen derselben, Stechen, weil diese
Thiere, wenn sie gereizt werden oder böse sind,
immer ihre doppelte oder gespaltene Zunge weit und
oft herausstrecken, welcher man aus Unkunde die
schädliche Wirkung des Vergiftens zuschreibt. Eigentlich aber geschieht es durch zwey krumme Zähne, die auf jeder Seite in der obern Kinnlade vorn
liegen, hohl sind, in einer Scheide stecken und von
dem Thiere willkührlich ausgestreckt und eingezogen
werden können, wie die Klauen an den Katzenfüßen.
Unter diesen Zähnen sitzt in einem Beutel (Blase)
das Gift, das in einer daneben liegenden Drüse aus
dem Blute abgesondert, und beym Biß durch eine
feine Oeffnung in der Spitze des Zahns in die Wunde eingespritzt wird. Das Vergiften geschieht also
durch einen Biß, und nicht durch einen Stich der
gespaltenen spitzigen Zunge. Man hat Beyspiele,
                                                          daß

*) Serpentes.

daß eine Verletzung mit einem solchen Giftzahne
noch Jahre lang nach dem Tode des Thieres ge=
fährlich gewesen ist. Daher es auch die gehörige
Vorsicht erfordert, daß der Jäger, der diese Thiere
tödet, ihnen sogleich den Kopf abhaue, und vergra=
be, damit dieser nicht, wenn auf ihn getreten wür=
de, oder ihn ein Hund oder anderes Thier fräße,
Schaden verursache. Dieß Gift ist aber auch nur
dann schädlich, wenn es durch eine Wunde unmit=
telbar auf die Nerven wirkt oder in die Masse des
Bluts gebracht wird, weil es ein schnelles Gerin=
nen desselben verursacht, so wie manche Gifte aus
dem Pflanzenreiche, womit die Wilden ihre Pfeile
bestreichen. Daher findet man auch in Büchern
aufgezeichnet, daß Personen Schlangen= und Otter=
gift ohne Todesgefahr eingenommen haben; alsdann
wird aber vermuthlich die giftige Wirkung durch den
Speichel, die Galle und andere Säfte gemildert.
Auch verschiedenen Thieren, als den Schweinen und
Störchen, schadet ihr Gift nichts, und sie werden
ohne Nachtheil von ihnen verzehrt. Vielleicht kann
aber auch hier das Gift seine schädliche Wirkung
nicht äußern, weil keine Wunde statt hat, in wel=
che das Gift eindringen kann. Jede giftige Schlan=
genart scheint einen Gift von besonderer Natur zu
haben; indessen hat man doch bey allen, die man
genau

genau unterſuchte, gefunden, daß es aus einem ſehr
ſcharfen Salze beſtehe, und ſobald es trocken werde,
eckig oder kryſtallförmig anſchieße. Den Schlangen
ſind ihre Giftzähne zur Bewältigung, Verdauung
und zum Fang ihrer Beute, die ſie ungekaut ver
ſchlucken, nützlich.

Da die zwey giftigen Schlangenarten, die
man in Deutſchen Gebirgen und Waldungen an
trifft, oft mit den ungiftigen verwechſelt werden,
ſo will ich ſie hier, ſo genau als möglich, be
ſchreiben.

## 1. Die gemeine Otter (Europäiſche Natter *).
### (Siehe die Kupfertafel Fig. 1.)

Sie iſt cylinderförmig geſtaltet, hat einen et
was herzförmigen Kopf, einen kaum merklich dün
nern Hals und einen zugeſpitzten Schwanz. Am
Bauche hat ſie nicht bloß kleine Schuppen, wie die
bekannte Blindſchleiche, ſondern 146 Schilde d. h.
Schuppen, die von gleicher Breite ſind, und über
den ganzen Bauch laufen, und 39 Paar Schwanz
ſchuppen d. h. ordentliche Schuppen, die vom Af
ter an bis zur Schwanzſpitze gezählt werden. Dieſe
beſtimmte Anzahl Schilde und Schuppen wird ge
wöhn

*) Coluber Berus. Lin.

wöhnlich für das untrüglichste Merkmal angegeben, wodurch sich diese Schlangenart von andern unterscheide. Allein sie trifft nicht allemal zu, wie ich gar oft gefunden habe. Oben besteht sie aus lauter viereckigen klaren Schuppen. Ihre Grundfarbe ist nicht immer gleich, sondern grau, aschgrau, olivenbraun, ja zuweilen gar schwärzlich, weil das Thier die Haut jährlich abwirft, und die neue alsdann heller ist, nach und nach aber dunkler wird. Allemal aber geht durch die Augen weg ein dunkelbrauner Streifen, auf dem Kopf steht ein herzförmiger, großer, brauner Fleck, auf dem Halse sind einige dergleichen Punkte, die im Zickzack stehen, darauf folgen Streifen, und von der Mitte an auch nur große und kleine hin und her zerstreute und gezähnelte braune Flecken; der Unterleib ist hellgrau oder graublau. Man trifft sie von 1 bis 2 Fuß Länge und drüber an.

Sie hält sich gern in und bey Waldungen auf, wo steiniger und kalter Boden ist. Hier wohnt sie in den Erdritzen, unter dem Moos, in Maulswurfshöhlen, und besteigt die Büsche und Bäume geschickt, daher man oft ihren alten Balg auf einem Busche hängen sieht. Sie zischt leise, wird leicht böse, wickelt sich dann schneckenförmig zusammen, schnellt sich hin und beißt nach ihrem Feinde.

Ihre

Ihre Nahrung machen Frösche, Eydechsen, Mäuse, Maulwürfe und Insekten aus, die sie alle mit ihren spitzigen Zähnen bloß tödet, dann so ganz verschluckt. Ihr Schlund und Körper dehnt sich nämlich so weit aus, daß sie den größten Frosch auf einmal verschlingen kann. In unbewohnten Gegenden kann also ihr Daseyn von großem Nutzen seyn, für bewohnte paßt sie deßhalb gar nicht mehr, weil sie den Menschen selbst schädlich wird, und dieser auch bey der größten Vorsicht nicht im Stande ist, sich vor ihren giftigen Bissen zu sichern. Freylich beißt sie niemals ungereizt, allein wer sagt mir, unter welchem Moosklumpen, unter welchem Beerstrauch u. s. w. sie verborgen liegt, damit sie mein Fuß oder meine Hand nicht berühre?

Sie paart sich zweymal im Jahre, und gebiert lebendige Junge. Andere Amphibien und Schlangen legen nämlich Eyer, aus denen die Jungen von der Sonnenhitze ausgebrütet werden, diese hat zwar auch die häutigen Eyer im Leibe, aber die Jungen schlüpfen noch im Mutterleibe aus denselben aus, und kommen lebendig zum Vorschein. Man trifft zuweilen im Walde unter einem großen Steine eine Mutter mit ihren sechs bis acht Jungen, die sie eben gebohren hat, an, und dann muß man sehr auf seine Flucht bedacht seyn. Ihre blitzen-

zenden Augen verrathen einem alsdann schon, was
sie Böses Willens sey. Sie sitzt überhaupt gern unter
Steinen, und man muß sich hüten, in Waldungen
große Steine aufzuheben, besonders wenn sie hohl
liegen.

Wenn jemand so unglücklich ist, gebissen zu
werden, welches in gebirgigen Waldgegenden nicht
selten der Fall ist, so muß die Stelle geschwind mit
etwas unterbunden werden, alsdann braucht man
äußerlich Schröpfen und innerlich Natternsalz,
das in den Apotheken aus dieser Otter oder Natter
selbst gezogen wird. Sonst rühmt man noch folgendes Mittel als ein sicheres Gegengift. Man
nimmt 1/2 Quentchen Quecksilber, reibt dieß mit
2 Quentchen Arabischen Gummi in einem steiner-
nen Mörsel, und gießt dabey nach und nach 3 Un-
zen Brunnenwasser drein. Hierauf vermischt man
damit 2 Scrupel Enzianextract und 2 Quentchen
Zucker, und nimmt diese Mischung mit einem-
male ein.

Auch die getödeten Thiere können vom Jäger
in die Apotheke verkauft werden. Denn die Brühe
von dem Fleisch dieser Otter (der Kopf muß freylich
abgehauen seyn) ist eine Arzeney, wodurch die Säfte gebessert und der schwache Körper genährt wird.

K    Man

Man darf sie ja nicht mit der ungiftigen und ganz unschädlichen Ringelnatter (Unk*) verwechseln, mit welcher sie fast gleiche Farbe hat, sich aber dadurch gar sehr von ihr unterscheidet, daß sie nicht die zwey gelblichen oder weißen großen Flecken an den Seiten des Halses zeigt.

Wer die Figur und Gestalt dieser Otter genau kennt, der wird auch die schwärzliche Abart von ihr, welche die schwarze Otter oder Natter genannt wird, von andern Schlangenarten zu unterscheiden wissen, und sie eben so, wie jene, zu tödten suchen.

## 2. Die Kreutzotter (Kupferschlange (Schwedische Natter **).
### (s. Fig. 2. der Kupfertafel.)

Sie ist die allergefährlichste, und hält sich in Wäldern an düstern, feuchten, auch sogar an sumpfigen Orten auf.

Man trifft sie von 6 bis 8, höchstens von 12 Zoll an; dabey ist sie 4 bis 6 Linien dick. Sie hat 150 (ich habe ihrer auch 156 gezählt) Schilde und 34 Paar Schwanzschuppen. Diejenige, die ich so eben vor mir habe, brachte mir jemand aus dem

Walde

*) Coluber natrix. Lin.
**) Coluber chersea. Lin.

Walde mit. Er glaubte, es sey eine Blindschleiche, hatte sie also mit einer Ruthe fast todt gehauen, und mit dem Schnupftuche in die Tasche gesteckt. Da er das Schnupftuch öffnete war sie wieder völlig lebendig, und es war ein besonderer glücklicher Zufall, daß sie ihn nicht verwundet hatte. Der Kopf ist platt, fast eyrund, der Hals dünn, hierauf ist der Körper fast von gleicher Dicke, bis auf das zugespitzte Schwanzende. Die Grundfarbe des Rückens ist rostfarbig, bald höher, bald tiefer, auf dem **Kopf stehen 2 Halbcirkel in Gestalt zweyer getrennten halben Monde )(, und ein gleich gefärbter schmaler Strich hinter jedem Auge.** Ersteres sieht man in Thürinsgen für ein Kreuß an, und nennt sie daher **Kreuß**otter. Den ganzen Rücken herab läuft ein aneinsander hängender zickzackförmiger, dunkelbrauner oder rothbrauner Streifen, und an den Seiten weg liesgen verwaschene, rothbraune Punkte. Der Untersleib ist aschgrau mit lauter weißen Queerbinden, auf welchen hin und wieder kleine schwärzliche Punkte stehen. Die Schwanzspitze ist braun.

Sie ist äußerst schnell, und es giebt mehr als ein Beyspiel in Thüringen, daß Kinder, die Himmsheidel- oder andere Beeren suchten, von ihr gebissen worden und gestorben sind.

K 2 U. Krie-

## II. Kriechende Amphibien *).

Hieher gehören Frösche, Kröten, Eydechsen und
Salamander. Keins von allen den Thieren, ist
aber giftig, oder sonst schädlich, wie wohl manche bis
her geglaubt haben. Sie vertilgen vielmehr viele
schädliche Insekten, Garten = und Erdschnecken, und
es ist daher Unrecht, wenn man sie als schädliche
Thiere tödet. Oft werden sie auch aus bloßem
Muthwillen von ungezogenen Schulknaben verfolgt,
welches abscheulich ist.

*) Reptiles.

Jn=

# Insekten.

So wenig die schädlichen Amphibien bisher ein Gegenstand der Verminderung des Jägers waren, eben so wenig sind es die schädlichen Insekten, obgleich einige davon den Wäldern oft einen unübersehbaren Nachtheil verursachen. Wer hat die schrecklichen Verwüstungen des Borkenkäfers nicht gesehen, wenigstens von ihnen gehört? Nicht eher, als bis diese Thiere so sehr überhand genommen haben, daß ihren Zerstöhrungen fast keine Gränzen mehr zu setzen sind, denkt man daran, sie zu verfolgen und zu vertilgen.

Ich will hier nur diejenigen Insekten anführen, welche den Waldungen überhaupt sehr nachtheilig sind, und einige Mittel angeben, wie man sie vor ihren Verwüstungen sichern kann; denn die Naturgeschichten der jeder Holzart eigenen schädlichen Insekten hier aus einander zu setzen, würde theils zweckwidrig seyn, theils zu viel Raum erfordern.

Man

Man findet fie auch ohnehin faft in jedem Lehrbuche der Forftwiffenfchafft angeführt.

Sobald die Förfter und Jäger anfangen wer: den, die Naturgefchichte zu einem ihrer Hauptzwecke zu machen, fobald werden auch die Forfte immer we: niger den Angriffen folcher verderblichen Thiere aus: gefetzt feyn.

I. Käfer:

# I. Käfer.

## Der Maikäfer *).

Er verdient als Larve (Engerling, Glime) die Aufmerksamkeit des Landmanns, und als vollkommenes Insekt oder als Käfer die des Forstmanns; jenem schadet er vier Jahre hindurch an seinen Feldfrüchten, diesem aber nur so viel Wochen lang, obgleich oft mit weit größern Nachdruck. Sieht man nicht oft ganze Eichen- und Buchenwälder, wenigstens die Gränzen derselben, im Mai von diesen Laubverderbern kahl gefressen, und so deren ganzen Jahrausschlag verlohren gehen?

Man dürfte nur folgendes Mittel etlichemal hinternander wiederholen, so würde man gewiß vor diesen nachtheiligen Folgen, wenigstens in Waldgegenden, gesichert seyn. Es würde dasselbe auch ohnehin nicht viel Aufwand kosten, da theils diese Verheerungen nur alle vier bis fünf Jahre zu befürchten sind, als so lange die Larve (der Engerling) unter der Erde Zeit braucht, um zu einem vollkommenen

K 4

*) Scarabaeus Melolontha. Lin.

menen Käfer zu werden, theils die Waldbüßer oder
armen Kinder darzu gebraucht werden könnten.
Man lasse nämlich die von ihnen besetzten Bäume,
sowohl früh beym Aufgange der Sonne, wo die Käfer von der Kälte ganz erstarrt sind, als auch in der
wärmsten Mittagsstunde, wo sie entweder mit der
Begattung begriffen oder davon abgemattet sind,
schütteln, die Käfer alle auf einen Haufen bringen
und verbrennen, oder in ein Loch tragen, zertreten
und verscharren.

Dieß ist das einzige aber sicherste Mittel, sie
von den Waldungen abzuhalten. Hat man dieß einige
vier oder fünf Jahre hintereinander wiederholt, so
wird man in der Folge fast gänzlich von diesen Thieren gesichert seyn, denn sie sind nicht gewohnt weit zu
fliegen, werden also aus fremden Gegenden nicht
leicht wieder dahin verpflanzt. Den Engerlingen
in Waldungen nachzustellen, wie es für den Landmann auf seinen Aeckern das schicklichste ist, findet
deßwegen nicht statt, weil die Käfer, die in Wäldern wohnen, gewöhnlich in den Waldwiesen erzo-
gen werden.

2. Der

## 2. Der gemeine Borkenkäfer *).

### (s. Fig. 7. der Kupfert.)

Einige verstehen unter diesem Namen Borken= käfer alle Käferarten, die sich entweder selbst in ih= rer vollkommenen oder in ihrer Larvengestalt unter der Rinde der Bäume aufhalten. Ich meyne aber den, welchen die Jäger den schwarzen Wurm, und einige Gelehrten den Buchdruckerkäfer nennen. Dieser ist es, welcher die Pest in Fichtenwäldern= die sogenannte Wurm= oder Baumtrockniß ver= ursacht. Auf dem Harze hat er schon oft die schreck= lichsten Verheerungen angerichtet, besonders aber neuerlich in den Jahren 1783 bis 1786, in wel= cher Zeit er auch in andern Gegenden Deutschlands, vorzüglich im Gothaischen auf dem Kränlchfelder Forste, außerordentlichen Schaden verursachte. Ich will hier nur kürzlich die Geschichte dieses schädli= chen Käfers nach meinen Beobachtungen und Er= fahrungen erzählen, und dann einige und zwar in allem Betracht ausführbare Mittel dem Jäger an die Hand geben, wie er für immer einer solchen Wurmtrockniß vorbeugen kann. Dadurch glaube ich verhoben seyn, auf Mittel zu denken, wie man

K 5 dem

*) Bostrichus typographus sonst Dermestes typogra=
phus. Lin.

dem eingerissenen Uebel selbst steuern könne, da
solche auch ohnehin so wenig gegen diese Thiere anwendbar sind, als gegen die ungeheuern Züge von
Heuschrecken, die oft die Felder im Orient über-
fallen.

Der Borkenkäfer ist ein kleines behaartes
Käferchen (Fig. 3.), 2 1/2 bis 3 Linien lang und
1 1/2 bis 2 Linien breit und ganz cylindrisch. Der
Kopf hat eine hornige, schaufelförmige, gezähnelte,
scharfe Freßzange, kleine Fühlhörner, mit einem
platten Knopf am Ende, längliche schwarzbraune
Augen, und ist unter dem Brustschilde verborgen.
Dieses ist vorwärts gebogen, nach hinten aber eben
und mit dem Kopfe fast so lang, als der ganze übrige Leib. Die Flügeldecken werden nach hinten zu
breiter, sind am Ende schräg abgestutzt, und am
Rande sechs bis siebenmal unregelmäßig gezähnt. Die schräge Fläche ist hinten etwas hohl und
glatt, so daß der Hinterleib vorsieht. Die sechs Füße
sind ziemlich dick und stachlich. Ehe der Käfer ganz reif
ist, hat er eine gelbliche Farbe, die nach und nach
ins braune übergeht, und zuletzt, wenn er herum
fliegt, ganz schwarzbraun ist. Der Rumpf ist immer dunkler, als das Brustschild und die Flügeldecken.

Wenn

Wenn man ihn genauer betrachten will, so muß man ihn unter das Mikroscop bringen.

Der eigentliche von der Natur bestimmte Auf= enthalt dieser Käfer sind nicht die frischen gesunden Fichten, sondern solche, in welchen aus vielerley Ur= sachen die Säfte stocken, verdorben, oder, wenn man will, sauer geworden und in Gährung gegangen sind, also alte verstümmelte und gefällte Bäume, abgehauene oder abgesägte Stränke, und Zimmer= Matter= Klafter= Stock= und Werkholz, das einige Zeit im Walde liegen bleibt. Das Holz von mitt= lern Jahren ziehen sie wo möglich dem alten vor, weil die Schaale nicht so schwer zu durchbohren ist. Sie ziehen vom März bis zum September, je nach= dem die Witterung ihrer Brut bald oder spät gün= stig ist, in Gesellschafft, zur Zeit der Wurmtrock= niß, sogar in großen Schwärmen, wie die Bienen, bey stillem Wetter und Sonnenschein in die Höhe, also an stehende kranke oder beschädigte Bäume, bey widriger und dunkler Witterung aber in die Tiefe, an Klafterholz, gefälltes Bauholz, Baumstränke u. d. g. In letzterm finden sich auch allzeit diejeni= gen ein, welche schon lange in der Höhe herum nach einem bequemen Aufenthalte geflogen sind, und kei= nen gefunden haben, und diejenigen, welche aus Schwächlichkeit sich nicht so hoch schwingen können.

Das

Daher findet man allezeit diese Käfer in den eben jetzt
genannten niedrigen Hölzern, so bald sie nur die gehörige Zeit gelegen haben, und dadurch für sie anlockend
geworden sind, und trifft auch allzeit, wenn diese
Insekten ausfliegen, niedrige und hohe Gesellschaften
zugleich an. Auch wohnen sie in den vordern Wald-
dungen nur allzeit niedrig, weil die stehenden an-
brüchigen Bäume immer von Holzleuten als Leseholz aufgesucht und abgehauen werden. Ueberhaupt ist
er auch da weit seltner als in tiefen Waldungen, eben
deßwegen, weil er hier nicht so leicht bequeme Wohnungen findet, als dort.

Diese Käfer begatten sich theils in der Luft,
theils an den Stämmen, die ihren Larven zur Wohnung dienen sollen, das Männchen stirbt, wie bey
den Ameisen, kurz darauf, und gräbt sich also nicht
mit ein; das Weibchen aber, das man daran erkennt, daß es immer größer und dicker ist, und besonders, wenn der Bauch voll Eyer steckt, einen
hervorstehenden Hinterleib hat, setzt sich alsdann
an das oben beschriebene Fichtenholz, nagt an solchen Stellen, wo die Rinde am weichsten ist, mit
seinen scharfen Kinnladen von unten nach oben zu
ein Loch, das 1/2 bis 1 Zoll lang, wie mit einer
Stricknadel eingestochen ist, und bis auf den Splint
geht. Hier höhlt es in der untern Schaalenschicht

einen

einen Gang von 2 bis 4 Zoll Länge, macht neben
demselben dicht aneinander auf beyden Seiten kleine
Grübchen, setzt darein seine 20 bis 40 weiße runde
Eyerchen und bedeckt und verklebt sie mit Wurmmehl. Sobald die Mutter dieß Geschäffte verrichtet
hat, kriecht sie rücklings wieder aus ihrer Höhle
heraus, ist aber so abgemattet, daß sie nicht weit
mehr fliegen kann, sondern bald zu Boden fällt und
stirbt. Die Larve (Made), die bey warmer Witterung nach vierzehn Tagen aus dem Eychen aus-
kriecht, ist anfangs ganz weiß, bekommt aber bald
einen gelblichen Kopf. Sie fängt von dem Orte
an, wo sie ausgekommen ist, nach der Seite zu sich
einzugraben, schlängelt die Gänge bald auf, bald
abwärts, so daß sie oft die Gestalt der Buchstaben
bekommen *), zernagt und frißt dabey die mit den
zirkulirenden Holzsäften angefüllten Kanäle (den
Bast), und giebt die Ueberbleibsel in Gestalt eines
röthlichen Wurmmehls wieder von sich.

Merkwürdig ist, daß obgleich verschiedene Familien nahe zusammen wohnen, doch selten oder gar
nicht ihre Gänge zusammenlaufen, oder sich durch-
kreuzen, sondern daß jede in ihrem eigenen Reviere
in der Gegend der Mutterhöhlung bleibt. Man
kann dieß sogleich bemerken, und die verschiedenen
Fami-

*) Hierauf bezieht sich der Lateinische Name.

Familien zählen, wenn man nur ein Stück Schaale, das diese Larven durchnagt haben, ein wenig
genau betrachtet.

So bald die Larven 3 bis 4 Linien lang sind,
verwandeln sie sich in eine weiche weiße Puppe
(Nymphe), die schon völlig die Gestalt des Käfers
hat. Diese wird bey günstiger oder ungünstiger
Witterung bald oder spät zum Käfer, und dieser
fliegt daher bald früher, bald später aus. Ja in
trockenen warmen Sommern erscheinen des Jahrs
sogar zwey Generationen.

So lange nicht äußerst günstige Umstände,
welche sowohl in der guten Witterung, als in der
Menge des zu seiner Nahrung und Wohnung bequemen Holzes zu suchen sind, eintreten, so lange
bleibt die Vermehrung dieses Käfers in den gehörigen Schranken — außerdem vermehren sie sich
aber, wie mehrere schädliche Thiere, z. B. die großen und kleinen Feldmäuse, Heuschrecken u. d. g.
ungemein stark, finden alsdann bey ihrem Ausfluge
nicht genug gefälltes und anbrüchiges Holz, gehen
also nothgedrungen auch an gute frische Stämme, die
sie besonders gern von mittler Größe und über der
Mitte ihrer Höhe, wo das Harz nicht zu stark fließt,
angreifen, und verheeren alsdann ganze Fichtenwälder, ja fallen wohl gar aus Noth oder im

Drang-

Drange, ihre Eyer geschwind absetzen zu können,
die ihrer Fortpflanzung ungedeihlichen Tannen und
Kiefern an. Solche Bäume, die von einem ganzen Schwarme angefallen sind, sehen alsdann von
außen wie mit Vogeldunst angeschossen aus. Sie
werden zuerst im Gipfel trocken, weil die Maden
die Leitung der Säfte durch das horizontale Zerna-
gen des Bastes abschneiden.

Einige auf einander folgende trockene und kal-
te Winter, und warme trockene Sommer begünstigen ihre Vermehrung, und lassen Wurmtrockniß
befürchten; denn nicht nur gedeiht der Käfer alsdann besser, sondern auch die Fichten selbst werden
seiner empfänglicher, da ihre flachliegenden Wurzeln
nicht die große Masse ihn abhaltender Harzsäfte ein-
ziehen und ableiten. Hingegen nasse und kühle
Sommer verzögern seine Brut, und abwechselnde
Nässe und Frost im Winter zerstöhren sie ganz
und gar*). Letzteres ist das Mittel, wodurch uns
die Natur auf einmal fast gänzlich von diesen schädlichen Thieren befreyt.

Dieß

*) Der abwechselnde Winter 1792 z. B. hat ihrer eine
große Menge auf dem Thüringerwalde vernichtet,
sonst ließ sich nichts Gutes erwarten, da sie in manchen Gegenden desselben im vorigen Sommer außerordentlich zahlreich waren, und schon an verschiedenen

Dieß ist kürzlich die Geschichte dieses schädlichen Käfers nach meinen vielfältig angestellten Beobachtungen Orten durch ihren Schaden merklich wurden. Den 22sten März 1792 gieng ich nach Gotha, und untersuchte, da mich mein Weg an dem Flößholze vorbey führte, das fichtene Scheitholz; und fand den Borkenkäfer in erstaunenswürdiger Menge, nicht nur in demjenigen Holze, welches eben aus den Flößgraben ausgeworfen wurde, sondern auch in dem schon aufgereiheten. In denjenigen Scheiten von dem letztern, die der Luft und dem Wetter ausgesetzt waren, waren fast alle Maden und Käfer todt, in denjenigen aber, die tief in den Klaftern gesteckt hatten, lebten Maden und Käfer noch. Ich zählte in einem einzigen Scheite, das 6 Fuß Länge und ohngefähr 1/2 Fuß im Durchmesser hatte, 846 Larven und Borkenkäfer untereinander. Eine erstaunenswürdige Menge! Der Käfer schienen mir mehr zu seyn, als der Maden. Das Verhältniß kann ich aber nicht genau bestimmen, weil ich beyde mit der Stecknadel aus ihren Minen herausholte, und so, indem ich sie zugleich wegschob, zählte. Am bemerkenswürdigsten war mir, daß ich eben so zahlreiche Colonien in denjenigen Klafterflößen sahe, die schon zwey Jahre gelegen hatten. Zum sichern Beweiß, daß nicht nur der Käfer seine angewiesene Wohnung in geschlagenem oder sonst verdorbenem Holze hat, sondern sich auch in demselben fortpflanzt, und zu seiner eigentlichen Nahrung nicht die frische saftvolle Fichtenrinde nöthig hat.

obachtungen. Wer ihn und seine Geschichte noch
nicht kennt, der untersuche nur einige Klaftern oder
Malter fichtenes Feuerholz, das Werk = und Zim=
merholz u. d. g., das den Sommer über im Walde
gelegen hat, und er wird ihn allenthalben antref=
fen — denn er ist alle Jahre in Fichtenwäldern, so
wie die Maikäfer in Eichenwäldern, nur auch wie
diese bald in größerer, bald in geringerer Menge.
Ja, wer seine Oekonomie noch genauer untersuchen
will, der lege sich solche Holzscheide, in welchen er
seine Made findet, an einen verschlossenen Ort,
so wird er sich von Jahr zu Jahr fortpflanzen (ja
er thut es sogar im Keller), wenn man immer
frischgefälltes Holz beylegt, in welches sich die Weib=
chen einnagen, und die Maden Nahrung finden
können.

Die Mittel zu seiner Verminderung oder Ver=
tilgung sowohl, als besonders zur gänzlichen ewigen
Verhütung aller Wurmtrockniß, beruhen nun theils
auf der vorhergehenden Naturgeschichte dieser Käfer,
theils auf anderweitigen Beobachtungen. Sie lie=
gen alle in der Gewalt des Försters, und können
von ihm, wenn es ihm anders ein Ernst ist, sein
Amt mit Treue und Gewissenhaftigkeit zu erfüllen,
unter Begünstigung seiner Obrigkeit, alle ohne
Schwierigkeit ausgeführt werden. Sie sind folgende:

1. Man

1. Man schone sowohl die Fledermäuse, Finken, Nachtschwalben, (besonders) die Fliegenfänger und andere insektenfressende Vögel, als auch die Spechte, Spechtmeisen, Wendehälse und Baumläufer, jene — weil ihnen der fliegende Käfer, diese — weil ihnen die Maden zwischen der Borke theils zur Haupt = theils zur Nebennahrung angewiesen sind.

2. Man lasse die Bäume, besonders in den tiefern Waldungen, entweder nahe an der Erde wegschneiden, oder wenigstens die sonst bleibenden hohen Stöcke (Strünke, Zimmermannsstöcke) sogleich in Klaftern hauen; denn in der Schaale der hohen Strünke nistet sich der Borkenkäfer gewöhnlich zuerst und am meisten ein (wie man die Erfahrung täglich machen kann), und verpflanzt sich alsdann bey günstigen Umständen weiter.

3. Man erlaube nicht, daß das Scheit = Bau = und Werkholz, das im Winter und Frühjahr geschlagen wird, länger als Johanni liegen bleibe, befehle, daß das im Sommer gefällte sogleich fortgeschafft und das Herbstholz noch vor dem Jänner zu Hause gebracht werde. Genauere Untersuchungen bezeugen, daß immer in den tiefen Waldungen, wo oft das im Frühjahr geschlagene Holz im folgenden Winter erst weggeschafft wird, sich die Wurmtrocknis

niß zuerst angefangen, und ohne allen Zweifel die
Bruten, die sich in dem gefällten Holz erzeugt hatten, die Ursache waren.

4. Die durch Wind-Duft- und Schneebrüche,
durch Risse und Frost beschädigte, oder durch Stür-
me umgerissenen Bäume müssen sogleich zu Brenn-
und Kohlholz verarbeitet und dadurch aus dem Walde geschafft werden. In nahen Wäldern wird dieß
Leseholz, daher man auch, hier aus einem neuen
Grunde nie den Anfang der Wurmtrockniß findet,
in tiefen Gegenden aber bleiben solche Bäume stehen und werden Wurmnester, aus denen oft ganze
Gegenden besetzt werden.

5. Sobald man den Gipfel oder die obern
äußern Spitzen der Zweige an einer Fichte verdorren sieht, so haue man sie um. Es ist eine Anzei-
ge, daß der Saft in der Gefäßhaut entweder
nicht mehr Kraft hat, bis an die äußersten Enden
zu dringen, oder daß er in seinem Laufe gestöhrt ist.
Im erstern Fall ist der Baum zur Wurmwohnung
fähig, im andern hat er schon Larven. Wenn man
solche Bäume gleich frisch verkohlt, so benutzt man
sie noch am besten; läßt man sie aber lange liegen,
so werden die Kohlen und das Holz taub. Man
muß auch solche Kohlen etwas wohlfeiler verkaufen,
da sie niemals die Hitze geben, wie vom gesunden
Holze.      L 2      Es

Es giebt Gegenden im Thüringerwalde, wo viele dergleichen Bäume stehen, die der Wurm schon wirklich angefressen hat. Man hüte sich, daß nicht gedeihliche Witterung einmal die schrecklichen Borkenkäfer bis zur Wurmtrockniß vermehrt.

6. Wenn Wurmmehl in den Spinngeweben oder in den Schuppen der Fichten liegt, so lasse man den Baum steigen, und zusehen, ob über der Hälfte Löcher eingefressen sind. Ist dieses, so haue man ihn ab, und schäle oder verkohle ihn sogleich.

7. Man verstatte keinen Zimmerleuten mehr, ihre Werkstätte im Walde aufzuschlagen. Es ist bekannt, daß diese fast immer nur anbrüchiches Holz kaufen, in welchem der Borkenkäfer schon hauset, oder das gute so lange in der Schaale liegen lassen, daß er leicht drein kömmt. Es fahren fast alle Tage Landleute mit Wagen voll gezimmertem Holze vor meiner Thüre vorbey, und ich sehe, daß fast in allen der Borkenkäfer gewühlet hat. Man wundre sich nicht, wenn man schon allenthalben auf dem Thüringerwalde Borkenkäfer verspürt. Hier ist eine von den Werkstätten, in welchen sie erzeugt werden. Eine günstige Witterung könnte uns leicht ein ähnliches Unglück, wie 1783 auf dem Harze, bereiten.

Hier ist auch Gelegenheit, wo Forstkollegien dem Jäger sein Schießgeld, das er an den Eulen u. d. g. verliert, wieder ersetzen könnten. Für ein frisches Stück Schaale, à 1 Fuß im Quadrat, nämlich von den Bäumen, die N. 5 und 6 angegeben worden, das neue Gänge des Borkenkäfers enthielte, müßte er bey der jedesmaligen Einlieferung an seinen Obern, der die Sache verstände und untersuchen könnte, so viel und mehr als für ein Paar Raubvögelfänge erhalten.

## 2. Der Fichtenkäfer (Fichtenverderber *).

Er ist nur 1 1/2 bis 2 Linien lang, und 3/4 Linien breit, also nur halb so groß und zuweilen noch kleiner, als der vorhergehende, schmächtiger und bey eingestecktem Kopfe ganz cylindrisch rund. Wer den vorhergehenden kennt, der kennt auch diesen, so sehr gleicht er ihm an Gestalt, nur hat er keine abgestutzte Flügeldecken. Der Knopf der Fühlhörner und die Fußblätter sind gelbroth. Der Körper ist glänzend schwarzbraun, und nur die Flügeldecken sind etwas heller, also kastanienbraun und glatt. Im Walde findet man ihn gewöhnlich in den

*) Bostrichus piniperda sonst Dermestes piniperda. Lin.

den Zweigen der Fichten und in jungem abgestande=
nen Stammholze. Allein er verschont auch die
Stämme nicht. Ich habe ihn im alten Scheitholze
oft eben so häufig angetroffen, als den Borkenkäfer,
habe ihn in eben solchen Schaaren durch die Luft
ziehen sehen; wie jenen, und finde ihn in dem Flöß=
holze in gleicher Menge, wie jenen. Er hat mit
jenem einerley Lebensart, macht also die Löcher in
und Gänge unter die Schaale; nur scheinen
mir die Gänge der Maden regelmäßiger und bis
zur Verpuppung fast in ganz grader Linie neben
einander wegzulaufen. - Die Maden sind schnee=
weiß mit einem rostgelben Kopfe *).

Man hat dem Fichtenkäfer sonst immer mit
dem Borkenkäfer verwechselt, und ihm eigentlich je=
ne Verheerungen zugeschrieben. Allein so schädlich
ist er noch niemals geworden. Doch hat man sich
auch vor ihm zu hüten. Zum Glück sind alle Mit=
tel gegen ihn anwendbar, die ich beym Borkenkä=
fer

*) In einem einzigen dünnen jungen Fichtenscheite,
das als Flößholz drey Jahre gelegen hatte, habe ich
275 Käfer und Maden gezählet. Käfer und Maden
waren in der Größe außerordentlich verschieden.
Doch hatte keiner von erstern über 2 und keiner un=
ter 1 Linie.

fer angeführt habe, wie sich aus seiner Geschichte
ergiebt *).

L 4

*) Man schreibt noch mehrern Käfern, die unter der
Rinde des Schwarzholzes graben, die Zerstöhrungen der Wälder zu; allein nach den genauesten Beobachtungen schaden sie alle nicht für sich, sondern
nur in Gesellschafft des Borkenkäfers. Merkwürdig
genug aber ist es, daß auch diese einerley Witterung
zu ihrem gedeihlichen Aufkommen brauchen, und daß
man sie auch alsdann häufiger findet, wann der Borkenkäfer häufig ist. Hierher gehören

a) der Kapuzinerkäfer (Bostrichus capucinus.
Lin.) Er ist fast noch einmal so groß als der Borkenkäfer, und hat rothe Flügeldecken. Sein Aufenthalt ist
unter der Rinde des abgeschlagenen oder abgestande-
nen Holzes. b) Der ausspähende Bockkäfer,
dessen Raupe man den Holzwurm nennt (Ceram-
bix Inquisitor. Lin). Er ist fast 3/4 Zoll lang, hat
lange Fühlhörner, einen schmalen Körper und braun
und graugelb gewölkte und gewellte Flügeldecken.
An wunden Flecken des Stammendes der Fichten
bohrt das Weibchen mehrere Löcher ein, und legt
hierein seine Eyer. Diese kriechen aus, bohren sich
als weiße braunköpfige große Maden durch die
Schaale in den Splint, ja in das Holz selbst; haben aber noch nie Anlaß zur Wurmtrockniß gegeben, wie man sie wohl beschuldigt hat.

Wenn

Wenn der Jäger anfieng, Naturhistorie zu studi=
ren, so würde er nicht nur diese den Wäldern so
schädliche Insekten kennen, sondern auch leicht Mit=
tel erfinden können, ihrer lästigen Vermehrung
Gränzen zu setzen. Den oben genannten Vögeln
sind auch diese Insekten zur Nahrung angewiesen.

.II Schmet=

## II. Schmetterlinge*).

### 1. Der Kiefernschwärmer (Fichtenvogel **).
### (f. Fig. 4. der Kupfert.)

In den Gegenden, wo Kiefernwälder sind, ein gemeiner Dämmerungsschmetterling. Er ist 1 1/2 Zoll lang, hat einen eyförmigen hinten zugespitzten Körper, niederhangende schmale Flügel, wie alle Dämmerungsschmetterlinge, und spindelförmige Fühlhörner. Die Farbe seines Leibes ist ein schmu= ziges Aschgrau, das Bruststück schwarzbraun einge= faßt; mitten über den Hinterleib geht ein breiter aschgrauer Streifen, den eine schwarze Linie der Länge nach theilt, und an den Seiten wechseln

L 5 schwar=

*) Lepidoptera.

Die Mittel, sowohl zur Verhütung der Verheerun= gen dieser schädlicher Insekten, als auch zur Vertil= gung der Plage, wenn sie da ist, sind theils noch unvollkommen, theils noch gar nicht entdeckt. Die= jenigen Jäger und Förster verdienen daher beson= dere Belohnungen, welche die Wälder auf eine oder die andere Art vor diesen Uebeln sichern oder davon befreyen.

**) Sphinx pinastri. Lin.

schwarze und weiße Flecken ab; der Unterleib ist
weißgrau, und am Bauche stehen der Länge nach
eine Reihe schwarzbrauner Flecken; die Vorderflügel sind bräunlichgrau und haben drey schwarze oder
schwarzbräune an einer Seite zusammenlaufende
Striche, die Hinterflügel aber sind mehr dunkelbraun. Alle sind am Rande weiß gesäumt, und
braun gefleckt.

Er saugt vorzüglich aus den Blumen des Gais-
blattes, Seifenkrauts und Klees in der Abend- und
Morgendämmerung den Honig aus.

Die Raupe hat einen abweichenden Kopf,
der einem Heuschreckenkopfe ähnlich sieht. Sie wird
auf 3 Zoll lang, gleich dick und hat am Hinterleibe
ein rückwärtsgebognes Horn. Nach Verschiedenheit des Alters hat sie auch ein verschiedenes Ge-
wand. Wenn sie fast ausgewachsen ist, so hat sie
einen rothgelben Kopf, grünen Unterleib und Seiten, an welchen letztern der Länge nach 2 gelbe Linien bis an den After laufen, der Rücken ist der
Länge nach mit einem breiten weißen Bande bezeichnet, dessen Mitte eine rothbraune Linie zertheilt,
die sich bis über die Schwanzspitze erstreckt.

Ihre einzige Nahrungspflanze ist die Kiefer *),
wo sie die jungen Nadeln, besonders der Bäume

von

*) Pinus sylvestris. Lin.

von altem und mittlerm Wuchse absrißt, und oft,
wenn sie in Menge da ist, ganze Kiefernwälder so
von Nadeln entblößt, daß die Bäume verdorren *).
Sie nagt vorzüglich in den Gipfeln der Bäume.
Aufmerksame Förster können ihren Verheerungen
dadurch Einhalt thun, daß sie die Bäume besteigen
und abraupen lassen, unter welchen sie den häufigen
grünen Koth dieser Raupen, der dem Mäusekoth
ähnlich sieht, finden. Auch kann man dadurch ihrer
Vermehrung steuern, daß man die Schwärmer im Mai
und Junius von den Blüten des Gaisblatts des
Abends wegfängt, wenn man bemerkt, daß sie in
Menge fliegen. Wenn man die Schweine dahin treibt,
wo man diese Raupen beobachtet hat, so wühlen diese ihre Puppen, die in der Erde oder im Moose unter den Bäumen liegen, aus und fressen sie als einen Leckerbissen.

---

2. Der

*) Dieß ist auch die Raupe, welche in den Jahren
1783 und 1784 in dem Nürnbergischen und Anspa-
chischen Waldungen so große Verheerungen anrich-
tete. Man glaubte damals fälschlich, es sey die
Raupe der Nonne (Phalaena Bombyx Monacha.
Lin.), die man auch Phalaena noctua piniperda
nennt, welche aber eine ganz andere Gestalt hat und
rauh ist.

2. Der Kiefernspinner (Fichtenspinner, Föh-
renspinner, Tannenglucke *).
(f. Fig. 5. der Kupfert.)

In der Mark hat die Raupe dieses Nacht-
schmetterlings schon oft in den Kiefernwäldern große Verheerungen angerichtet **).

Der Schmetterling ist ohngefähr 1/2 bis 1
Zoll lang, und hat über einander geschobene, mittelmäßige Flügel, deren Hinterrand stumpf gezähnt,
oder gekerbt ist; die Fühlhörner sind beym Männchen kammförmig, beym Weibchen aber nur borsten-
förmig. Der Kopf und die Brust sind rostbraun,
ins Aschgraue fallend; der Hinterleib ist einfarbig
aschgrau. Die Vorderflügel sind in vier Felder
getheilt, das erste und dritte ist rostbraun, zuweilen ins Dunkelrothbraune übergehend, das zweyte
und vierte aber aschgrau bräunlich gemischt. Jedes Feld ist von dem andern durch eine schmutzigroft-
farbige zackige Queerlinie getheilt, besonders ist die
letztere oft hin und hergebogen. Auf der Gränze
des ersten und zweyten Feldes steht ein dreyeckiger
weißer Fleck. Die Hinterflügel sind einfärbig röthlich aschgrau. Es ist aber die Farbe und Zeichnung

dies

*) Phalaena Bombyx pini. Lin.
**) Z. B. neuerlich in den Jahren 1782 bis 1784.

dieses Spinners sehr veränderlich, doch bleiben die
Linien und der weiße Punkt auf den Flügeln allzeit
charakteristisch.

Die Raupe, welche noch vor Winters aus
dem Ey schlüpft, erreicht ihr vollkommenes Wachs=
thum von 4 Zoll Länge erst im folgenden Junius.
Sie ist entweder aschgrau oder fleischfarben, mit
aschgrauen oder fuchsrothen Haaren besetzt, mit
braunen Zeichnungen über dem Rücken und gleich=
farbigen Streifen in den Seiten. Manche haben
auch weiße Flecken. Zwischen dem zweyten und
dritten Ringe zeigen sich mondförmige dunkelblaue
Flecken und auf dem letztern steht ein stumpfer Za=
pfen. Es sind außerordentlich gefräßige Raupen,
die die Nadeln nur so zum Maule hineinzuschieben
scheinen. Sie fressen schlechterdings nichts als
Kiefernadeln. Da, wo sie häufig sind, fällt ihr
Koth so stark von den Bäumen herab, als ob es reg=
nete. Auf letztere Erscheinung hat der Förster be=
sonders zu achten, um vielleicht noch bey Zeiten ei=
ner großen Verheerung vorzubeugen. Im August
kommen die Schmetterlinge aus den Puppen, die
an der Rinde oder den Zweigen der Kiefern in ei=
nem großen braunen eyrunden Gespinste gehangen
haben, zum Vorscheine. Sie sitzen alsdann den
Tag über unten an dem Stamme still, und kön=

nen

nen durch Schulknaben abgelesen werden. Auch
der Jäger, wenn er dieß Insekt kennt, kann bey
seinen Wanderungen durch den Wald, viele vertilgen. Wenn ein einziger weiblicher Schmetterling
getödet wird, so stirbt sogleich eine Brut von 30,
50 und mehrern schädlichen Raupen.

### 3. Der Fichtenspinner (kleine Fichten-spinner *).

(f. Fig. 6. der Kupfert.)

Die Raupe dieses Schmetterlings, die zu
den Processionsraupen gehört, thut oft an den
Kiefern, Fichten und Tannen großen Schaden **).

Der Spinner ist ohngefähr 3/4 Zoll lang,
am Kopf und Rücken stark behaart und aschgrau, an
den vordern Flügeln die Grundfarbe schmuzig grau,
welches sich beym Männchen ins Weißliche, beym
Weibchen aber ins Braune zieht, an den Hinterflügeln
weißlich; queer über die vordern ziehen sich drey
dunkele etwas verlohrne Binden, von welchen die
an der Wurzel oft kaum sichtbar ist; zwischen den
beyden äußern steht ein bräunlicher Fleck. Die
Fühlhörner sind am Männchen gefiedert, und am
Weibchen fadenförmig und dunkelgrau. Der
Kopf

*) Phalaena Bombyx Pityocampa. Lin.
**) So 1779 in der Gegend um Dreßden.

Kopf hat noch eine besondere Eigenheit; denn
zwischen den Fühlhörnern steht ein hervorragender
Körper, der sich in zwey Kanten endigt. Er besteht aus fünf Schuppen, die wie Treppen neben
einander liegen.

Die Raupe ist am Rücken schwärzlichgrau,
oder dunkelschwarz, auf dem Bauche weißlich. Unter jedem Ringe stehen braungelbe Haare auf einem Wulste, und in den Seiten sind die Haare
buschweiße vertheilt und weißlich. Ihre 16 Füße
sind rothgelb.

Kiefern, Fichten und Tannen werden von
ihr angefallen, ihrer Nadeln und des Harzsaftes
beraubt. Sie kömmt im August aus dem Ey, und
erreicht vor Winters ihre natürliche Größe. In
einem sehr dichten Gewebe hält eine große Gesellschafft den härtesten Winter aus, frißt noch bis
zum März und April, nnd schickt sich dann zur
Verwandelung in der Erde unter Steinen und
Moos an.

Es sind Processionsraupen, die nämlich in den
Gipfeln der kleinern und an den Aesten der großen
Bäume ein gemeinschafftliches Nest, das auswen-
dig dünn, inwendig aber dicht ist, mit verschiedenen Zellen haben, und von da nach gewissen bestimmten Gesellschafftsgesetzen alle Tage eine hin-

ter

ter der andern her in der wundervollsten Ordnung ihrer Nahrung nachgehen. Eine einzige Kolonie ist oft
so zahlreich, daß sie den ganzen Baum anfällt und
kahl frißt, ja oft daran nicht genug hat, und auf
einen daneben stehenden wandern muß. Auszug
und Rückzug geschieht einmal wie das anderemal
in der größten Ordnung. Sie haben einen Anführer, welches Amt aber abwechselt. Diesem folgt
eine einfache Reihe Raupen von ohngefähr 1 Fuß
Länge und zwar alle dicht angeschlossen, dann kommt
eine Reihe, die paarweise gehen, hierauf eine zu
drey Gliedern neben einander, dann wieder eine zu
vieren u. s. w. bis der ganze Zug aus der Wohnung ist. So wie der Anführer sich wendet, so be-
wegt sich ihm auch der Trupp gleichförmig nach,
und so wie der hurtig oder langsam geht, in dem
nämlichen Zeitmaaß folgt auch dieser. Stöhrt man
die Ordnung, so stellen sie sie geschwind wieder her,
und nimmt man den Anführer weg, so vertritt die
folgende Raupe sogleich seine Stelle. Sie verbrei-
ten sich gliederweise über die Nadeln, fressen sie gliederweise gestellt ab, und gehen in der vorigen Ordnung
wieder nach Hause. Abends nach Sonnenunter-
gang und Morgens vor Sonnenaufgang halten sie
diese Processionen, gehen aber bey Regen und Nässe,
welche Witterung ihnen zuwider ist, nicht aus-

Allent-

Allenthalben, wo sie hinschreiten, spinnen sie. Sel=
be, und der Baum, den sie bewohnen, ist gleich=
sam ganz damit tapezirt. Durch dieß Gespinste ver=
rathen sie auch ihren Aufenthalt, und der Jäger
hat auf solche Bäume ein besonderes Augenmerk zu
richten.

Die Vernichtung der Raupe aber muß mit be=
sonderer Vorsicht geschehen; denn ihre Haare, die
außerordentlich brüchig sind, verursachen in der Haut
ein beschwerliches Jucken, aus welchem oft Ge=
schwülste und Geschwüre entstehen. Ja diese Haa=
re reiben sich so leicht ab, daß man nicht sicher un=
ter einem Baume weggehen kann, ohne von diesem
Jucken und Geschwulste befallen zu werden. Die
Giftmischer haben sich sonst der schädlichen Eigen=
schaft derselben zu den abscheulichsten Absichten be=
dient, sie unter das Getränke gemischt, und dadurch
die bezielte Person unter den schmerzhaftesten
und entsetzlichsten Convulsionen hingerichtet.

Sobald der Jäger daher dergleichen Bäume
mit solchem Gespinste und Raupen gewahr wird,
so erfordert nicht nur deßwegen seine Pflicht, es
seinem Vorgesetzten zu melden, weil diese Insekten
leicht großen Schaden verursachen können, sondern
auch deßwegen, damit man auf vorsichtige Mittel

M                    den=

denke, diesen durch ihre Haare so schädlich werden
den Thieren beyzukommen.

### 4. Der ganz grüne Eichenwickler *).

Ein äußerst kleiner Nachtschmetterling, dessen
dünner Körper kaum 4 Linien lang ist. Die Ober;
flügel sind ganz grün, die untern aschgrau. Er fin;
det sich auf den Eichen in manchen Jahren mässig
nenweise ein. Wenn man alsdann einen Ast schüt;
telt, so lebt und webt alles. Das Räupchen, wel;
ches grün ist, einen schwarzen Kopf und gelben Af;
ter hat, zerfrißt die Eichen, besonders diejenigen,
welche an der Gränze einer Waldung stehen, oft so
sehr als der Maikäfer. Es wickelt sich allemal in
das Blatt, das es frißt, und hängt sich oft an lan;
ge Fäden auf und sonnt sich. Gegen dieses läßt sich
nun nicht leicht etwas ausrichten; mehr aber ge;
gen das Schmetterlingchen. Wenn man des Abends
mit einem Brand oder einer Fackel unter einen
Baum geht, wo diese sitzen, denselben schütteln läßt,
so wachen sie zu Millionen auf, schwärmen in das
Feuer und verbrennen sich.

III. Wes;

*) Phalaena Tortrix viridana. Lin.

## III. Wespenarten*).

———

Zum Schluß muß ich hier noch eines Insekts er-
wähnen, dem man schon mehrmals die Verwüstungen des Schwarzholzes, die Knotenkrankheit des
Rindviehs und Rothwildprets Schuld gegeben hat.
Es ist

## Die große Holzwespe (Riesenwespe, größte Schwanzwespe**).

An Gestalt und Größe gleicht sie der Horniffe.
Sie ist oft 1 1/2 Zoll lang. Der Kopf, die haa-
rige Brust und der 3, 4, 5, 6, Bauchring sind
schwarz; hinter den Augen steht ein großer gelber
Fleck. Die Fühlhörner sind gelb und die zwey ersten und drey letztern Bauchringe rothgelb. Am
Ende des Hinterleibes befindet sich eine hervorste-
hende Spitze, die beym Männchen schwarz, beym
Weibchen aber rothgelb ist. Letzteres hat auch noch
einen schwarzbraunen Bohrstachel, der so lang als

M 2  der

*) Hymenoptera.
**) Sirex Gigas. Lin.

der Bauch ist. Durch diesen wird das Insekt am kenntlichsten, und es verlohnt sich der Mühe, ihn etwas genauer zu untersuchen. Er fängt ohngefähr in der Mitte unter dem Bauche an, und liegt dicht an demselben in zwey Futteralen. Diese sind mit der halben Länge am Bauche befestigt, haben an ihrem Anfange einen dicken Knopf, und da, wo sie frey werden, an der Außenseite eine Spitze. Der in der Höhlung sich befindende Stachel ist mit Spitzen besetzt, die ihn zu einer Säge machen, und ein Gelenk im Knopfe macht ihn beweglich. Die spindelförmige Spitze am Schwanze ist hohl, und dient zum Kanale, durch welchen die Eyer in die durch den Stachel gemachte Oeffnung gelegt werden. Die häutigen Flügel dieses Insekts sind durchsichtig und bräunlichgelb; die Hüften schwarz und die übrigen Füße rothgelb.

Dieß Insekt hält sich bloß allein in Schwarzwäldern und am liebsten in solchen auf, die mit Fichten besetzt sind. Hier macht es mit seinem Bohrstachel in anbrüchige Bäume, alte modrige Strünke, Blöcke u. d. g. kleine Löcher, und legt seine Eyer hinein, diese werden zu einer blaßockergelben, 2 Zoll langen und runden dicken Larve, die sich von faulem und taubem Holze nährt, sich Gänge in dasselbe einfrißt, dann zu einer, in ein weißlis

ches

ches Gewebe eingehüllten Puppe wird, und zuletzt
ausfliegt, welches gewöhnlich in den wärmsten Monaten, dem Julius und August geschieht. Niemals habe ich die Larve in einem frischen Stamme gefunden, allemal war er an einer Stelle, wo
die Larve saß, angehauen oder verwundet, und vom
Wind und Wetter modrig geworden, und wenn
die Insekten noch so häufig waren, wie z. B. im
Jahr 1787. Es kömmt mir daher die Behauptung ganz ungegründet vor, wodurch die Larven dieser Insekten der Wurmtrockniß der Fichtenwälder
beschuldigt werden. Da sie aber doch auch noch
stehende Bäume, die eine kleine Beschädigung haben, und nicht bloß faule Tannen, Fichten und
Kiefern anfressen, so hat der Jäger auf sie zu achten, und alle diejenigen großen Holzwespen zu töden, die ihm auf seinen Wanderungen durch die
Wälder aufstoßen. Es ist dieß auch nicht schwer,
da sie immer an den Stämmen stille sitzen, und
sich leicht hinterschleichen lassen.

Noch ungegründeter aber als diese Beschul-
digung ist jene, wo sie die Ursache der unter dem
Rothwild und auch unter dem Hornvieh wie eine
Pest wirkenden **Knotenkrankheit** (des fliegenden
Feuers, fliegenden Brandes) seyn sollen\*). Diese

M 3         Krank-

\*) Der selige D. Glaser behauptete dieß in seiner Ab-
hand_

Krankheit wüthet allzeit im August, und tödtete in den Jahren 1748 und 1778 auf dem Thüringer= walde Gothaischen Antheils viele 100 Stücke Wild= pret. Wahr ist es, daß um diese Jahrszeit die gro= ße Holzwespe am häufigsten im Walde gefunden wird, aber eben so wahr ist es auch, daß sie sich nie weder ans Vieh noch ans Wild setzt, vielweniger daß= selbe mit ihrem Gebiß oder Stachel, die dazu gar nicht bestimmt sind, verwundet. Auch enthält ihr Körper keine solche Säfte, durch welche, wenn sie Thiere unversehens zerquetschten, tödliche Beulen entstünden, wie ich den Versuch oft selbst gemacht habe. Denn diese Krankheit besteht aus großen Knoten oder Beulen an verschiedenen Theilen des Leibes, die eine gelbe Feuchtigkeit enthalten, und von welchen das Hornvieh oder Wildpret, wenn sie nahe am Kopfe sind, in 8 bis 12 Stunden, und wenn sie weiter davon sind, in 24 bis 36 Stun= den stirbt.

Im August des Jahrs 1787 gab es dieser Ins= seften eine weit größere Menge in dem Thüringer= walde als im Jahr 1778, und dennoch hörte man weder von der Knotenkrankheit des Rindviehes noch des Wildpretes. Ich glaube diese Krankheit mit grö=

handlung von der tödlichen Knotenkrankheit 8 ⌐.

größerm Rechte für eine Folge eines anhaltenden
schädlichen Melthaues halten zu können, der bey,
dem Vieh nach der Jahrszeit und dem jedesmaligen
körperlichen Zustande bald diese bald jene Krankheit
zu Wege bringt. In dem heißen Augustmonat des
Jahrs 1778 ward er Ursach der Knotenkrankheit,
und im Junius und Julius des Jahrs 1790 brachte
er Lungen: und Leber: ja Eingeweidefäule beym
Wildpret, Horn: und Schaafvieh zu Wege. Der
Melthau lag in diesen Monaten in und vor dem
Thüringerwalde wie ein Puder auf den Waldkräu:
tern, besonders auf allen Kleearten, und zwar so
stark und fest, daß er sich mit Mühe abwischen ließ,
und Hasen, Rehe, Schafe ꝛc. die den trockensten
Aufenthalt hatten, wurden so faul, daß man keins
öffnete, an welchem nicht Leber oder Lunge oder
beydes, ja sogar die Eingeweide angegangen waren.*)

M 4　　　　Nach

*) Es sind nun noch in der systematischen Classifika-
tion der Insekten die Ordnungen der Halbkäfer
(Hemiptera), Florfliegen (Neuroptera), Fliegenar-
ten (Diptera), und Flügellosen (Aptera) übrig, von
denen wir aber nach dem oben angegebenen Grunde
keine weiter aufführen, ohngeachtet es noch viele
giebt, die verschiedenen Holzarten auf eine oder die
andere Weise schädlich werden.

Nach dieser kurzen Musterung aller wahrhaft oder
vermeint schädlichen Thierarten, wird es nun nicht
überflüssig seyn, dieselben noch in Reihe und Glieder
zu stellen, um Forstkollegien und Forstämtern eine
allgemeine Uebersicht zu verschaffen, wodurch sie
in den Stand gesetzt werden, nicht nur zu bestim:
men, welche Thiere hinführo für schädlich geachtet
werden sollen, sondern auch nach den verschiedenen
Abstufungen der Schädlichkeit dem Jäger sein
Schießgeld oder sonstige Belohnung verhältnißmä:
ßig fest zu setzen. Ich glaube nicht, daß nach mei:
nem Zwecke mehr als folgende sechs Rubriken
nöthig seyn werden, ob ich gleich sehr wohl weiß,
daß ihrer mehrere möglich sind.

Tabelle.

# Register.

## A.

## B.

M 5     Baum-

Elbthier

Föhren

Kies

Pha-

Sumpf

Veſper-

Wür,

Ende.

## Namen der Abbildungen.

## Verbesserung.

S. 110. Z. 7. statt Ananalien l. Anomalien.

## Für den Buchbinder.

Die Kupferplatte wird als Tittelkupfer vorgebunden.